阅江楼

南京鼓楼文旅集团编委会·编著

符号江苏·口袋本

YUE JIANG LOU

江苏凤凰美术出版社

图书在版编目（CIP）数据

阅江楼 / 南京鼓楼文旅集团编委会编著. -- 南京：江苏凤凰美术出版社, 2024.2
（符号江苏：口袋本）
ISBN 978-7-5580-9641-9

Ⅰ.①阅… Ⅱ.①南… Ⅲ.①楼阁 - 介绍 - 南京
Ⅳ.①K928.74

中国国家版本馆CIP数据核字（2023）第215438号

责 任 编 辑	李秋瑶
责 任 校 对	叶梦娜
责任设计编辑	赵　秘
设 计 指 导	曲闵民
责 任 监 印	张宇华

书　　　名	阅江楼
编　　　著	南京鼓楼文旅集团编委会
出版发行	江苏凤凰美术出版社（南京市湖南路1号　邮编：210009）
制　　　版	南京新华丰制版有限公司
印　　　刷	南京新世纪联盟印务有限公司
开　　　本	787mm×1092mm　1/32
印　　　张	4.75
版　　　次	2024年2月第1版　2024年2月第1次印刷
标准书号	ISBN 978-7-5580-9641-9
定　　　价	45.00元

营销部电话　025-68155675　营销部地址　南京市湖南路1号
江苏凤凰美术出版社图书凡印装错误可向承印厂调换

"符号江苏"编委会

主　任　张爱军

副主任　赵金松　章朝阳　胡　竹　徐　海

委　员　张潇文　樊　明　陈　敏　龚文俊

　　　　周　彬　王林军　刘沁秋　白立业

　　　　徐　辰　舒金佳

《阅江楼》编委会

陈 华 徐 辉 周 磊 陈璐璐

娄旭艳 郭晶晶 刘思妍

前 言

走近阅江楼，迎面即见醒目一联：

吴楚名楼今则四

水天明月古来双

天下名楼，为何多数位于吴楚大地、长江流域？无非因这一地域经济繁荣、人口密集、文风昌盛、景点众多之故。其中，若按登楼者众，当数黄鹤楼；若按闻名久远，首推岳阳楼；若按辞赋华美，应属滕王阁。而阅江楼，则以其地理位置最东、长江沿岸最北，被称为"江南第一楼"，也属名副其实。

这"四大名楼"之所以盛名在外，其共同之处是楼观这一物质成果与其文字带来的精神荷载互为表里、相辅相成。景点楼观虽可成为名筑胜景，但若无诗词文赋相映生辉，无异于仅有躯干，尚缺魂魄。凡称为名楼者，必然是以文化见长，而后才名声日隆的。

以岳阳楼为例，北宋庆历年间，滕子京任职巴陵（岳阳），"政通人和，百废俱兴，乃重修岳阳楼"。为此，他专写一信，请文友范仲淹为楼作文，信上写道："窃以为天下郡国，非有山水瑰丽者不为胜，山水非有楼观登览者不为显，楼观非有文字称记者不为久，文字非出于雄才巨卿者不成著。"（宋·滕宗谅《与范经略求记书》）

范仲淹应邀写下了《岳阳楼记》，岳阳楼因此文而名满天下，《岳阳楼记》也因其深沉的家国情怀、人文精神，"先天下之忧而忧，后天下之乐而乐"等名句，进入了师生们的课本，岳阳楼也因此长盛不衰。

而阅江楼则完全不同，它是先有记而后建楼，这也恰恰说明了：物质与精神是会互为因果、互为表里关系的。这也可视为阅江楼与其他名楼的不同之处：

一般而言，是先有楼（阁）而后有诗词文章；阅江楼是先有诗文，600年后才见到如诗文所述物化之楼。

一般会有迁客骚人、文坛大家借楼抒怀，吟诗作文；阅江楼则是皇帝写记，御笔命名，规格很高，与众不同。

一般楼观"光环"相对单一，阅江楼则不但有水景的"加持"，更有世界之"最"——南京城墙的"加持"，以及世界文学之都南京这一"金名片"的"加持"，使楼观胜景更具灿烂夺目的文化特色。

正如20多年前阅江楼首位重要来宾所说：修建阅江楼是件好事，后人定会给予很高评价的。阅江楼建造得非常好，充分展示了传统文化、传统建筑的特色。可以再写一篇《阅江楼记》，进一步深化阅江楼的文化建设。朱元璋那篇《阅江楼记》写过去多，写后来少。这类文章应该往前看，进行鼓舞，激励后人的发挥，说明为什么600年有记无楼，今天却有楼了。不光讲一时一事，不光讲南京，要讲中国人，讲中华民族，要讲中华大地的凝聚力，讲一代比一代强。总之，要借题、借景，发挥好。

    登楼阅世 抚今追昔
    望江怀古 鉴往知来

（见《下关年鉴》2002年版第142—143页）

俞　明

目 录

第一章 狮山遗梦 传奇色彩
第一节　智战龙湾　赐名狮山 …………………… 003
第二节　下诏撰记　立项建楼 …………………… 009
第三节　停建成疑　渐作传奇 …………………… 015

第二章 江山形胜 楼记天合
第一节　依记建楼　当代伟业 …………………… 025
第二节　雄踞江畔　屹立山巅 …………………… 037
第三节　狮岭雄观　卢龙胜境 …………………… 048

第三章 大明雄风 皇家气质
第一节　独运匠心　文化立楼 …………………… 059
第二节　海丝壮举　天妃赐福 …………………… 070
第三节　静海沧桑　警钟长鸣 …………………… 080

第四章 怀古颂今 文化地标

第一节 文人墨客 咏叹流传 …………………………… 091
第二节 人文引领 城市地标 …………………………… 110
第三节 创新创造 品位立楼 …………………………… 120

附 录 中国名楼协会下辖历史文化名楼简介

第一章

狮山遗梦 传奇色彩

第一节 智战龙湾 赐名狮山

龙湾之战

阅江楼的建设并非当代人的创想,它最初的发起人当属明代开国皇帝朱元璋。朱元璋是个富有传奇色彩的人物:祖籍江苏句容,祖父为了逃避沉重的劳役之苦,全家迁居于当时的泗州(今泗洪县境内,后被洪泽湖淹没),后再度迁居至安徽凤阳。朱元璋出生在凤阳县,少年时是个放牛娃,父母双亡,17岁时在老家皇觉寺当和尚,25岁参加郭子兴领导的农民起义军红巾军,并娶郭子兴义女马氏为妻。朱元璋27岁那年,郭子兴病故,朱元璋成为军中统帅,率兵先后打下定远、滁州。28岁时(元至正十六

龙湾之战

年，1356年），他率部打过长江攻占集庆路，改名应天府（今南京）。

元朝末年，天下大乱，群雄逐鹿，割据称王。南方红巾军领袖徐寿辉被其帐下元帅陈友谅锤杀，陈自封为汉王。元至正二十年（1360年）夏闰五月，陈友谅领兵40万驻守采石矶，并从太平（今安徽省当涂县）顺江而下，进攻金陵（今南京）。当时朱元璋只有8万人马可以御敌，双方力量悬殊。消息传来，应天府里人心惶惶，主战派、退避派各执己见，相持不下。在这关键时刻，军师刘基与朱元璋面议退敌之计，定下了在卢龙山一带设伏御敌的重大方案。这个方案的核心机密：

一是朱元璋利用帐前指挥康茂才与陈友谅的故交关系，由康茂才写信给陈友谅，在信中谎称金陵城内兵少将寡，暗约里应外合取应天府。康茂才提出自己为内应，约定于六月二十三日子夜，两军会合地点在应天府江东桥，联络暗号为"老康"，届时康茂才拆桥放行，里应外合，占领应天。（明·宋濂《宋文宪公全集》卷四，《蕲康公神道碑》碑文）

二是决战前数日，康茂才密令军民拆除木桥，砌上了坚固的大型石桥，让船舰无法通过。与此同时，朱元璋在龙湾地区设伏：令邵荣、冯胜、常遇春、华高等人率三万帐前五翼军埋伏在石灰山（今南京幕府山）南面的山脚；

令徐达屯兵于应天府南门；令杨璟率兵驻守在大胜港；令廖永忠、张德胜、朱虎率水军隐藏在龙江到聚宝门的入江水道中；调胡大海西捣陈友谅的门户信州，进行牵制。

龙湾之战形势图

陈友谅率领主力部队从长江驶入内河后匆匆赶到江东桥，但毫无联络暗号回应，才知中计。正在进退两难之际，朱元璋埋伏的大军群起攻击。被伏兵打得晕头转向的陈军，且战且退，朝龙江（今下关）方向转移。到了龙江，埋伏在石灰山的常遇春带着队伍冲杀过来，和徐达两军前后夹击，在漆黑的雨夜，陈军已分不清哪是路哪是塘，士兵们落入湖塘中，淹死无数，被缴获军械无数。陈友谅夺路逃跑到江边，在几员将领的掩护下，抢到一只木船，趁乱逃走。

经过这一著名的以少胜多的龙湾之战，江南强敌陈友谅势穷力蹙，而朱元璋的应天府根据地则进一步巩固和发展，在群雄之中成为军事实力最强的集团，为明王朝的建立奠定了坚实基础。元至正二十四年（1364年），朱元璋在部下的拥护下当了吴王。元至正二十八年（1368年），在南征北战的胜利凯歌声中,朱元璋登上了皇帝宝座,国号"大明",年号"洪武",建立了全国统一的封建政权。

卢龙更名

朱元璋在卢龙山上指挥伏兵8万人,打败了陈友谅40万军队,取得了决定性胜利,为大明王朝建都南京奠定了基础,亦使他对卢龙山产生深厚情感。公元1373年,在立朝五年,经发兵四征、统一中原、夷狄安宁、偃兵息民后,天下甫定,百业待兴,朱元璋又一次驾临卢龙山,他想在卢龙山建一座高耸入云的楼阁,起到威震四方、察奸料敌、登高望远、一目盈怀的作用。

朱元璋率先亲撰了一篇气势磅礴的散文《阅江楼记》,并将沿用千年的"卢龙山"更名为"狮子山"。朱元璋对更名持十分慎重的态度,他开始说:"然宫城去大城西北将二十里,抵江干曰龙湾。有山蜿蜒

朱元璋赐名狮子山

如龙，连络如接翅飞鸿，号曰卢龙，趋江而饮水，末伏于平沙。"此在解释名曰"卢龙山"的合理性。但作为封建皇帝自有其独特的思维，继而又说"一峰突兀，凌烟霞而侵汉表，远观近视，实体狻猊（狮子的别名）之状"，意思是卢龙山一峰突兀，高耸入云，不管是从远处看还是从近处瞧，其形状都像一只蹲着的狮子，这实际上是在阐明更名的理由。于是，他以皇帝的身份"赐名为狮子山"。自此，狮子山名一直沿用至今。南京城北诸山环列，在此时期，朱元璋根据各座山的形状，分别命名为狮山、虎山、象山，取"猛兽环列，拱卫京师"之意，反映了他要把京都应天（南京）建成"万国"之中心的愿望。

狮子山位于南京城西北，濒临长江，山高78.4米，占地约14万平方米，周长2千米，大约形成于中生代三叠纪时期，距今2.5亿—2亿年，属幕府山余脉。据史书记载，此山面临大江，古人从江北看江南这座山，恰似水上的青螺或美人的发髻，生发"吴樯晚眺，看隔江、螺髻碧离离"之叹，峰林叠翠，故称青螺山，又由于此山地处古城之北，故又称北山。虽不能与巍峨之昆仑、秀丽之匡庐相比，但"山不在高，有仙则名"，卢龙山的美名也是被帝王所冠的。晋元帝司马睿（276—322）是司马懿的曾孙，西晋永嘉元年（307年）九月，时为琅琊王的司马睿渡江镇守建邺（今南京），初渡长江到此，见山岭绵延，远接石头，乃江上之要塞，像长城边上今河北省的卢龙寨，故赐名卢龙山。卢龙山的名称，历经东晋、宋、齐、梁、陈、隋、唐、宋、元等朝代，沿用了1000多年。

自明代起，狮子山便成为南京地区主要的风景名胜区之一。历史上作为传统游览胜地的钟山、玄武湖，由于建了皇陵、黄册库而成为禁地，致使"游趾不得一错期间，但有延颈送目而已"。当时只有城西南诸山，树木参天，百草丛生，寺观错落有致，是主要的公共游览区。狮子山作为重要的自然风景名胜区，在此能眺望大江风光，俯瞰全城景色。山上林木葱郁，苍翠欲滴，还有卢龙观、徐将军庙、东道院、翠微亭、玩咸亭以及山下的天妃宫、静海寺等人文景观。众多文人雅士如王守仁、金大车、汤显祖、吴敬梓、陈文述、龚自珍等对狮子山一往情深，留下了不少脍炙人口的诗章。

卢龙山

第二节　下诏撰记　立项建楼

建楼初衷

朱元璋亲自执笔，于洪武七年（1374年）写下1199字的《阅江楼记》。朱元璋选择在狮子山上建造阅江楼的

《阅江楼记》

目的，在其《阅江楼记》中表述得十分清楚。

其一，"谋以安民，威镇四方"。从明朝定都应天（南京）以后，经过几年的建设，应天（南京）已成为"会万国"的中心，"万邦之贡，皆下水而趋朝"。如果在狮子山上建造一座高耸入云的楼阁，人们从很远的地方就能看到它，这不仅使京城更加雄伟壮观，而且"威镇四方"。

其二，"察奸料敌，无所不至"。朱元璋曾在狮子山以8万人马打败陈友谅40万大军，以少胜多，大获全胜。因此，朱元璋认为狮子山是能够察奸料敌的军事重地，在此建楼亦是对奠定大明基业胜利之战的纪念。

其三，"金陵故迹，一目盈怀"。朱元璋登上狮子山，情不自禁地说："若天霁登峰，使神驰四极，无所不览，金陵故迹，一目盈怀，无有掩者。"也就是登上阅江楼极目远望，金陵故迹一览无余。

"高楼睿思便筹谋，是可以安民瘼；雄峙江畔壮京师，是可以镇遐迩；料敌烛奸察警敏，是可以卫社稷。"太平时阅江景，战争时则阅江防，平战结合，加强京师的军事防御能力，应该就是朱元璋欲建此楼的本意和初衷。

定都南京

在《阅江楼记》的开篇，朱元璋并未直接写阅江楼，而是用很大的篇幅谈定都问题，先谈古人定都的标准，后谈自己定都南京的原因，文章结尾又回归到定都南京的问题。历史记载，明朝建国之初，群臣曾为定都何处而争论不休，大臣中或言"关中天府之国"，或言"洛阳天地之中，汴京亦旧宋故都"，或言"北平宫室完备"。朱元璋则以"平定之处，民未休息，供给力役，悉资江南。建业长江天堑，足以立国"为由，于洪武二年（1369年）九月开始扩建南京城，终于洪武六年（1373年）九月乃成。但朱元璋直到洪武十一年（1378年）才诏改南京为京师，算是正式确定了国都，可见他对定都南京之慎。

在定都问题上，宋濂表现出一贯的"诚谨"。他在《阅江楼记》中说："金陵为帝王之州。自六朝迄于南唐，类皆偏据一方，无以应山川之王气。逮我皇帝，定鼎于兹，始足以当之。"他寥寥数语便明确地表达了自己的态度，先说金陵也是历代帝王心仪的定都之所，回应了一些大臣"汴京亦旧宋故都"的看法，接着又借"王气说"来打消一些大臣的疑虑，明代以前定都南京的朝代都是些短命王朝，他解释先前的那些帝王是无法承受金陵王气所以才短命的，而今大明皇帝却可以当之。明太祖之所以能当王气，是因为他是历史上第一个统一全国且定都南京的皇帝。

如此说来，若非朱元璋力排众议定都南京，可能也就没有气势恢宏的南京城，更不会有让人魂牵梦萦的阅江楼！

《阅江楼记》孙晓云书

宋濂佳作传世

朱元璋写完《阅江楼记》，为兴建阅江楼立了项后，仍意犹未尽，索性将建楼想法告之于群臣，并命群臣以"阅江楼"为命题撰写楼记，共得楼记百余篇，其中以大学士宋濂所写最佳。这篇本是歌功颂德的应制之作，后来却入选《古文观止》，可见其水平不低，也成为令阅江楼闻名于世的重要原因。

宋濂（1310—1381），字景濂，号潜溪，明初著名政治家、文学家、史学家、思想家。与高启、刘基并称为"明初诗文三大家"，又与章溢、刘基、叶琛并称为"浙东四先生"。被明太祖朱元璋誉为"开国文臣之首"，学者称其为太史公、宋龙门。曾主持编纂《元史》，时任翰林侍讲学士、中顺大夫。

宋濂在《阅江楼记》中并没有把大量笔墨运用在赞美形胜、为皇家歌功颂德方面，而是着力于劝谏为君应居安思危、德绥四方、体恤百姓，切不可重蹈陈后主、张士诚淫乐亡国的覆辙。

宋濂用寥寥几笔道出了阅江楼之所在及其建楼缘起："京城之西北有狮子山，自卢龙蜿蜒而来。长江如虹贯，蟠绕其下。上以其地雄胜，诏建楼于巅，与民同游观之乐。"遂锡嘉名为"阅江"云。

接着，宋濂想象了皇帝登临此楼的几种情形及相应思绪："当风日清美，法驾幸临，升其崇椒，凭栏遥瞩，必悠然而动遐思。见江汉之朝宗，诸侯之述职，城池之高深，关阨之严固，必曰：'此朕沐风栉雨、战胜攻取之所致也。'中夏之广，益思有以保之。见波涛之浩荡，风帆之上下，番舶接迹而来庭，蛮琛联肩而入贡，必曰：'此朕德绥威服，覃及外内之所及也。'四陲之远，益思所以柔之。见两岸之间、四郊之上，耕人有炙肤皲足之烦，农女有捋桑行馌之勤，必曰：'此朕拔诸水火而登于衽席者也。'万方之民，益思有以安之。触类而思，不一而足。"这段话虽然歌颂了开国皇帝朱元璋"沐风栉雨，战胜攻取""德绥威服，覃及外内""拔诸水火而登于衽席"等丰功伟绩，但落脚点却在"中夏之广，益思有以保之""四陲之远，益思所以柔之""万方之民，益思有以安之"。宋濂是以正面引导的方式劝谏皇帝，登阅江楼，要时时处处想着国家和人民。

接着，他进一步把话挑明："臣知斯楼之建，皇上所以发舒精神，因物兴感，无不寓其致治之思，奚此阅夫长江而已哉？"意思是说：我知道皇上之所以建这座楼，是要借物抒怀，蕴涵着深刻的治国思想，哪里只是看看江景而已呢？

下面这段文字，更是一针见血："彼临春、结绮，非弗华矣；齐云、落星，非不高矣。不过乐管弦之淫响，藏燕赵之艳姬。一旋踵间而感慨系之，臣不知其为何说也。""临春""结绮"，都是南朝陈后主所建楼阁，陈后主和张贵妃在此居住，怠于政事，终被隋军所杀。"齐云"是唐代兴建的楼阁，在吴县（今苏州地区），朱元璋攻占长江时，吴王张士诚的群妾在此被烧死。"落星"也是楼名，三国时吴国所建，在江宁县东北的落星山上。这段话直接以历史上帝王豪雄乐于建造楼台馆所、耽于享乐以致灭亡的教训为例，明确点出这些豪华高峻的楼阁，其作用不过是"乐管弦之淫响，藏燕赵之艳姬"，眨眼之间就会成为后人感慨的陈迹。

后边一段，宋濂强调德守甚于武备，并说：六朝时长江被视为天堑，然而六朝四代即使有此天堑依然难逃亡国之难，长江天堑尚且如此，小小的阅江楼又算得了什么呢？接着又说：如今全国统一，南北一家，长江也就不再作为天堑而存在了。既然长江都失去天堑的意义，又何须阅江楼来"扼险而拒势"呢？他提醒道："有登斯楼而阅斯江者，当思帝德如天，荡荡难名，与神禹疏凿之功同一罔极。"最后一句"他若留连光景之辞，皆略而不陈，惧亵也"，再次点明他并不看重阅江楼的风光如何引人流连，故"略而不陈"，怕有所亵渎。

综上可见，宋濂的《阅江楼记》是一篇借记叙建楼之微事阐明治国经邦大道的优秀应制之作，是宋濂以一个儒臣的忠诚谏谕天子朱元璋保土、安边、恤民的谏书。它从一个侧面反映了明初朱元璋政权奋发向上的历史风貌，表现了宋濂忠君效国的火热之心。

第三节　停建成疑　渐作传奇

停建又记

朱元璋在亲自撰写、号召文臣们撰写《阅江楼记》并打好了地基后，突然决定停建阅江楼，并写了一篇《又阅江楼记》，其中谈到了停建的缘由。

没有建楼的原因之一是"天象有异"。朱元璋在《又阅江楼记》中说，他提出建造阅江楼，朝中无人劝谏，直到开建时，"上天垂象"，责备他做不着急的事，于是"惶惧"，赶紧停工。按照朱元璋所写，"今年欲役囚者建阅江楼于狮子山"，当时已经安排了一批工匠和服刑罪犯来到山顶，平整了土石，打算"进场开工"了。但是，"抵期而上天垂象，责朕以不急。即日惶惧，乃罢其工"。这就是说：正要择吉开工之时，天象出现异常。据后人考证，洪武七年二月初一发生日食，紧接着十四日至十八日又发生"五日朔"。"朔"指夏历每月初一日，月球运行到太阳和地球之间，地球上看不到月光，而在洪武七年二月却发生了"五日朔"（也有学者认为此说法违背天文学自然规律，真正的天象是连续五天发生了太阳黑子运动）。古人对天象极为重视，认为天象是上天借以传达其旨意的一个媒介，认为是"臣掩君之象"，是上天对地上君臣的品行不满所致，需要君臣修身养德方可禳解灾祸，不宜动土。

原因之二则是"惜其费财"。洪武年间，朱元璋大兴土木，仅京城城墙（今南京明城墙）就修了二三十年。民间传说因财力不足，城墙靠"首富"沈万三来捐资助建。同时，朱元璋在老家兴建中都凤阳，最后也因财力缺口太大而成了"烂尾"工程。

朱元璋在《又阅江楼记》中说，请文臣们撰写《阅江楼记》，是想试试他们的为人和见识，结果是大家写的都差不多，没什么特别高深的见识。于是，他只好想象有一位耿直的臣子劝谏自己不建阅江楼，并把这场想象中的劝谏用《又阅江楼记》记录下来：

"今也皇上声教远被遐荒，守在四夷，道布天下，民情效顺，险已固矣，又何假阅江楼之高扼险而拒势者欤？夫宫室之广，台榭之兴，不急之务，土木之工，圣君之所不为。"

这意思是说：如今皇上声名教化已达到遥远的地方，边陲四夷都被制服，皇恩浩荡泽及天下，人民都心甘情愿地效命皇上，可以说险要之处都已经巩固了，又何必凭借阅江楼之高耸，扼守险要而抗拒强敌呢？至于扩建豪华宫室，修造亭台阁榭，这都不是当务之急，像这样大兴土木之事，圣贤君主是不会做的。

在《又阅江楼记》中，朱元璋以"朝无入谏者"为由，表达对群臣所作的《阅江楼记》之不满。这并非说群臣的文章写得不好，而是他对当时歌功颂德、骄作气氛蔓延幡然醒悟。最终，他下令停建阅江楼，并写记来昭示文武大臣要以俭养德。从这个意义上讲，宋濂春秋笔法中的劝谏之意是毋庸置疑的，以朱元璋开国君主之智慧和清醒，应该是看懂了其中的寓意吧。

朱元璋在同一年中，还写了第三篇有关阅江楼的文章《辟阿奉文》，说自己"特以未造阅江楼名，令诸职事试作文以记之"，然而"文章虽有高下，其大意则亦然""不过皆夸楼之美，言功已成"，甚至不如唐太宗时的"宫中妇人徐充容"有见识，没人敢劝他停建阅江楼。

不论是"天象说"或者"财力说"，朱元璋起初建设阅江楼的设想并非空想，停建亦成为他心中巨大的遗憾。朱元璋之后，明朝第二任皇帝朱允炆执政仅4年，忙于抵抗其叔父朱棣发动的"靖难之役"，没有心思建阅江楼。第三位皇帝明成祖朱棣，用20年左右的时间建造了北京故宫，并于公元1421年改京师为南京，迁都北京。这样一搬迁，朱棣不可能在南京城开建阅江楼，朱棣之后的明代13个皇帝长年在北京当政，更不可能到南京城来建阅江楼了。

建成之谜

狮子山上是否曾建有阅江楼，也是个有争议的问题。有记无楼，还是有记有楼，成了古城一谜。

朱元璋的《阅江楼记》中有"乃于洪武七年甲寅春，命工因山为台，构楼以覆山首，名曰阅江楼"之语，并称"今楼成矣"，让人产生狮子山上阅江楼建成的印象。但诡异的是，朱元璋在《又阅江楼记》中写道："今年欲役因者建阅江楼于狮子山，自谋将兴，朝无人谏者。抵期而上天垂象，责朕以不急。即日惶惧，乃罢其工。"

"今楼成矣"

阅江楼选址

和"乃罢其工"，都出自朱元璋的手笔，却又前后矛盾。对此，有人认为他是朝令夕改，"始建终弃"。也有人怀疑，后文可能早于前文，因在《阅江楼记》中，朱元璋明确写道："今楼成矣，碧瓦朱楹，檐牙摩空而入雾，朱帘风飞而霞卷，彤扉开而彩盈。"既然"今楼成矣"，又何来"乃罢其工"？

与朱元璋在"前记"与"后记"中的说法不一、前后矛盾，而民间也有截然不同的记述。

明朝思想家王阳明写有《登阅江楼》诗："绝顶楼荒旧有名，高皇曾此驻龙旌。险存道德虚天堑，守在蛮夷岂石城。山色古今余王气，江流天地变秋声。登临授简谁能赋，千古新亭一怆情。"首句是说：位于山顶的阅江楼虽四周长满荒草，但过去却很有名。而且，诗题说"登"，诗中又说"登临"，如果无楼，何谈登楼？

与王阳明同时代的陈沂是精通南京文史的著名学者，

他的《金陵世纪》一书对当时南京的城郭、官署、楼阁、台苑以及寺观陵墓等记之甚详，其中的"国朝阅江楼"条记云："在狮子山首，洪武七年建。"又"卢龙山"条记云："在城西北隅……又名狮子山，形相似也。上有阅江楼、卢龙观。"《南畿志》是陈沂的另一部著作，书中"狮子山"条记云："长江在其下，山巅建阅江楼。"

明代中叶有一本类似于今天旅游指南的《海内奇观》。其中一篇《金陵图记》在介绍南京的诸多名胜古迹时写道："阅江楼临流，以受江、汉朝宗。"虽只有11个字，却明确写有阅江楼。尤其是在"金陵图"的左上角，画有阅江楼和鼓楼，上方写有"阅江楼"3个字。这份珍贵的史料图文并茂地表明，明代狮子山上真的建有阅江楼。

比王阳明稍长的明吏部尚书乔宇在《游卢龙山记》中说："今楼（阅江楼）已毁，故址尚存。"另一位和王阳明同时代的官员吕楠在《游卢龙山记略》中写道："乃至其（狮子山）巅磨盘平，即阅江楼旧址也。"同时代的南京吏部尚书罗钦顺则有《次汪司成秋日登狮子山寻阅江楼故址韵》等诗。这些作品都提到了阅江楼的"故址""旧址"，证明曾经有过阅江楼，但存世时间不长。

与此相反的记述是：明万历年间印行、葛寅亮编纂的《金陵玄观志》卷三"狮子山卢龙观"条云："阅江楼，址在山顶，拟建，不果。"这句话是说：阅江楼的地址在

第一章 狮山遗梦 传奇色彩

古时画作中的阅江楼

狮子山巅，本来打算建造，但后来并未建成。

关于朱元璋是否开建阅江楼，以及历史上阅江楼是否真实存在，有过不少研究观点。笔者综合分析后，形成以下推断：朱元璋至多做过一些地基平整的启动性工程，但确实未建成阅江楼。在明代某个时期，因军事目的或景观需要，在原基础上建造了规格不高的简易楼台，由于年久失修或兵火等因,毁圮不见。后建的楼仍称"阅江"。不是朱元璋拟建的阅江楼。这种似是而非隐隐约约的含糊其词,恰恰给了诗人们想象的空间。后期文人所述"旧址""楼荒""登楼"等说法,大抵为文学性的虚拟。

　　有记无楼600年,阅江楼之名早已超越其实。

第二章

江山形胜 楼记天合

2001年，阅江楼正式竣工，结束了600多年"有记无楼"的历史。那么，身处21世纪的现代人是如何还原朱元璋在《阅江楼记》中描述的"彤扉彩甍""飞甍凌空"的？建成后，阅江楼又是如何成为长江南京段最为耀眼的文化地标之一的？

第一节 依记建楼 当代伟业

志在长远

20世纪80年代末，改革开放如火如荼。建设"南京外滩"，加快旅游资源开发，成为重要的决策议题。

20世纪90年代初期，南京市、下关区两级人大代表、政协委员的提案建议中，多次议及阅江楼有记无楼的悬疑，并提出在新时代新社会建楼的愿景。于是，下关区启动了对狮子山的历史与现状以及开发前景、投资与回报等问题的专题调查。

20世纪90年代中期，下关区政府在进一步深入了解有关文史的基础上，着手筹备兴建阅江楼，并在当年的区政府工作报告中明确提出了"将建造阅江楼列为政府最重要的文化工程、旅游项目，按当时的工作要求逐步正式立项报批"。随即，下关区政府启动一系列前期宣传工作，包括向全社会征集有关阅江楼的原创诗词楹联、书法作品等，这其中的不少优秀作品被选用在建成后的景区内。

1998年1月，市政府以宁政发〔1998〕3号文件发出《市政府关于成立狮子山公园开发建设领导小组的通知》，由市政府分管领导牵头负责公园开发建设中重要事项的决策和重大问题的协调。这一文件的下发，标志着阅江楼工程被市、区两级政府第一次列入了年度工作计划。1998年12月20日，阅江楼主体工程建设正式开工。当时的目标是3—4年建成，后因2001年在南京举办世界华商大会，各项工作的进度加速提前，仅用31个月就完成了全部主体工程。

在实施过程中，遇到了两大难题：一是无地。狮子山百余年来一直是军事要塞，1968年南京长江大桥建成后，这里就成了解放军空军某部守卫大桥的防空阵地，山脚下则有海军414医院等单位。阅江楼工程如何取得军方支持，解决几十公顷的军用土地问题？二是无钱。中华人民共和国成立以来复建的黄鹤楼、滕王阁、岳阳楼等，不必花大钱征用土地，而阅江楼光楼宇的建设费用就至少需要数千万元。阅江楼项目的建设资金从何而来？

幸而，在地方政府的不懈努力下，阅江楼建造方案获得了空军、海军的理解和支持，狮子山的军事设施得到空军总部批准，以土地置换的方式进行整体迁移。金融机构给予项目贷款支持，省、市财政也补助专项资金用于阅江楼建设。

2001年9月，历时3年，耗资7800万元，阅江楼终于建成开放，结束了600余年有记无楼的历史，成为南京城市建设史上的一段佳话。

设计精湛

抱着建成精品的信念，工程建设领导小组聘请了建筑学、历史学等专家对阅江楼的建造进行反复地研讨、论证，最后，确定由杜顺宝教授担纲设计。

杜顺宝，浙江东阳吴宁镇人，东南大学教授，东南大学城市规划设计研究院总建筑师。杜教授对文化景观和风景建筑设计有深厚感情，对文化景观设计的历史名胜重建有独特见解。他仔细研读3篇传世的《阅江楼记》，查证大量明代建筑资料，形成了阅江楼的设计思路，即首先要营造出朱元璋想象中的雄伟壮观气势，其次要体现阅江楼为朱元璋钦定的高级皇家园林建筑气派。他认为：有记无楼，虽然可以给设计带来灵活性，但历史建筑是传统社会遗留的文化形态，是过去时的历史遗存，所以，设计的主旨应当是尊重历史，依记建楼，要充分体现这座楼在记忆中的风韵气派。

阅江楼最初的平面布局是对称设计的，但在综合考虑狮子山的山体形态以及长江的流向转折后，杜顺宝决定将主要景观面放在北侧，次要景观面放在西侧，通过设置主楼和副楼，两者之间以连廊相连，将面北一侧拉长，最后形成了东西长、南北短的"L"形布局。

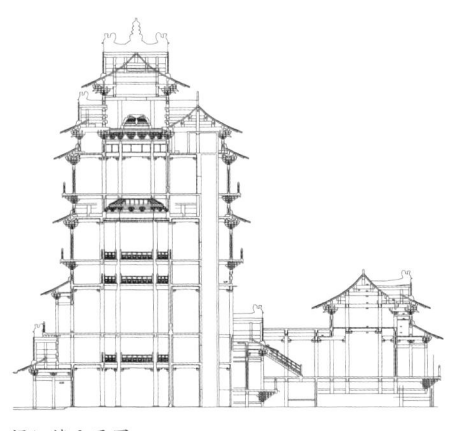

阅江楼立面图

在楼体设计上，杜顺宝曾试图突破中国古建筑中角楼的形象，但尝试了多个方案后仍不满意。他感慨道："中国古建筑经过几千年的发展，凝聚了匠人们无限的智慧，要想突破它，真的很难！"如今我们看到的阅江楼，顶层处理是借鉴了角楼的屋顶组合方式，屋顶为十字交叉脊。

在平面设计中，主楼的东侧和南侧各加了一部分，形成两个方向的凸字形，两翼以斗拱承托的歇山顶层次递减。从外观上看，阅江楼的造型格外繁复，不规则的外形形成了众多的屋角，层层叠叠，尽显皇家气魄。

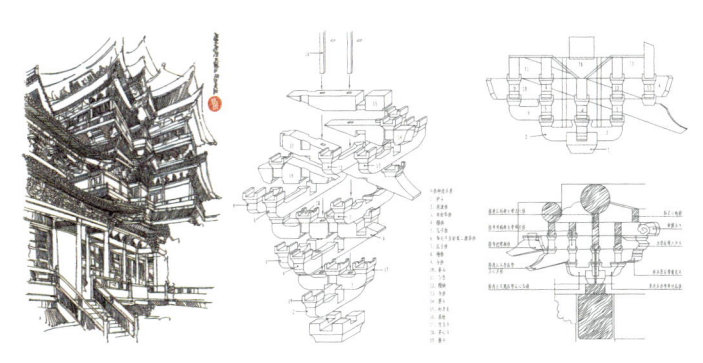

阅江楼斗拱结构图

在造型处理上，杜顺宝将阅江楼的高度控制在山高的一半左右，并分设主楼和副楼，既恰到好处地把握了楼的体量与尺度均衡，又巧妙地分解了阅江楼庞大的建筑体量。

中国古建筑的色彩是分等级的。阅江楼既定位为皇家园林建筑，在色彩与装饰上本可采用碧瓦，但考虑到阅江楼是以绿色山体作为背景和基调，若循规蹈矩再用碧瓦，楼体则会因色彩雷同而不彰显，而且在天空背景下，楼顶

阅江楼俯视图　　　　　　　　阅江楼彩绘

可能会显得过于深重。而黄琉璃通常只有皇家建筑才能选用，杜顺宝巧妙地采用黄琉璃瓦心、绿琉璃瓦边的设计，通过绿剪边降低黄琉璃的等级，这样一来瓦片比宫殿的黄琉璃瓦等级低，但又比民间的黑色琉璃瓦级别高，这既符合皇家园林的形制，又凸显了阅江楼的大气。

　　阅江楼的细部设计更是精彩纷呈，檐下斗拱彩绘各异，廊柱、门窗红中呈暗，更显古色古香，与朱元璋笔下的描述别无二致。在彩画选用上，首层与中间层分别设有八角形天花与藻井，楼的顶层设有蟠龙藻井。屋顶盘踞的金龙用整根香樟木雕刻而成，龙身贴金，云游于五色彩云之中。整座楼内外共用 11 千克纯金，使阅江楼显得龙飞凤舞，金碧辉煌。

　　阅江楼除主体承重构件采用钢筋混凝土材料外，外观处理如斗拱、门窗、栏杆也采用了现浇钢筋混凝土仿木结

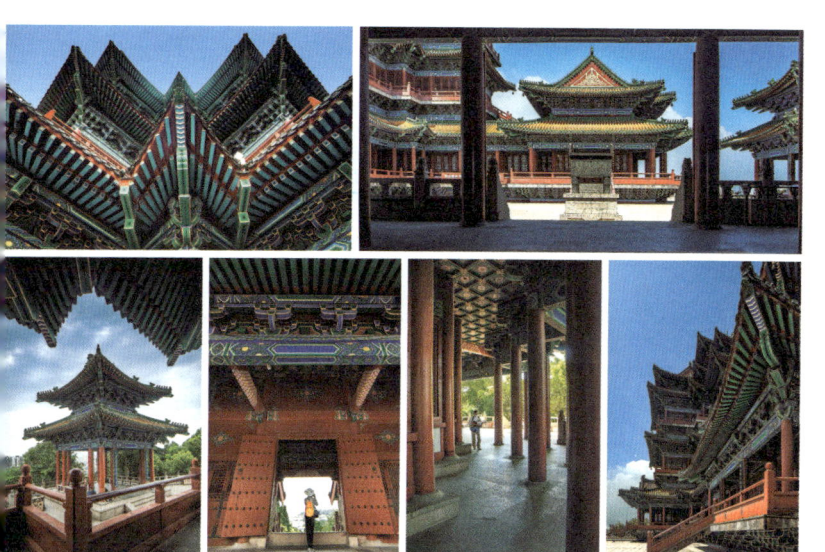

阅江楼各视角

构，斗拱出挑，承托屋顶和平座，耐久而雄浑，以巍峨壮观、气势磅礴的形象屹立于狮子山头。

2001年，阅江楼获教育部优秀设计二等奖、建设部部级优秀勘察设计三等奖。其成功之处在于巧妙地利用了原有的山势地形，灵活地运用了古典建筑的形式，营造出壮阔雄浑的气势，创造了最佳的观赏长江风光的景点，并与明城墙及四周的环境和谐地融为一个有机整体，促进了狮子山与周边地区的环境整治与改造，为提升南京城市文化品位、传承城市历史文化做出了重大贡献。

阅江楼主楼

名楼始成

阅江楼的建设单位是狮子山公园筹备处，主体建筑由浙江绍兴园林有限公司承建，桩基工程由浙江中天集团承建，彩画、亮化工程分别由北京市第二房屋修建工程公司和华东电子集团负责施工。

建筑专家认为，阅江楼是近年来我国仿古建筑中造得最好的一处，无论是从总体设计还是局部精雕细刻来说都堪称经典之作，体现了朱元璋在《阅江楼记》中所形容的"碧瓦朱楹，檐牙摩空而入雾，朱帘风飞而霞卷，

灯火辉煌阅江楼

彤扉开而彩盈"。阅江楼平面造型为"L"形，主翼朝北，次翼面西，形成犄角，两面可观江，严格按照当时皇家的建筑制式和规格建造，观景视野开阔、舒畅。阅江楼的主楼建筑面积5000平方米，外观4层，暗3层，共7层，楼高51米，山高78.4米，总高128.5米。阅江楼地面一层设有平座与永定柱，三层为重檐，两翼各以歇山顶依次递降。屋顶犬牙交错，高低起伏，形成跌宕多变的优美轮廓线。各层均有平座向四边出跳，便于游人观赏外景。屋面铺装黄色琉璃瓦，以绿色琉璃瓦剪边，廊柱、

名楼一角

门窗呈土红色。檐下有大小斗拱800余只,多为九彩拱、七彩拱,斗拱青绿叠晕,月梁微紫锦纹,彩画纹饰按皇家园林建筑要求和明代彩绘图样绘制,色彩典雅绚丽,具有皇家气派。周围回廊有600多只神态各异的小石狮,或蹲、或站、或仰天长吼,栩栩如生,石刻雕琢精细而流畅。飞檐戗脊上饰着形态各异的"龙""凤""狮""天马"等680多件走兽角吻,契合明太祖诏建的"帝王之楼"的身份。

阅江楼采用钢筋混凝土结构,梁、柱、斗拱、椽、

顾毓琇先生题写的"阅江楼"

屋基层等构件全部为钢筋混凝土现浇结构，门窗全部采用木结构，按明代宫廷建筑风格制作，做工精细。楼层为双层木地板，檐廊及地下一层用磨砖铺贴。地面、回廊及平台栏板均采用花岗岩。整座楼立于花岗岩须弥平台之上，在阅江楼外还建造有照壁、牌坊、亭阁、山门、长廊、碑亭等形成组景，与主楼构成景点轮廓线，使阅江楼更加雄伟、壮观。楼名为著名旅美教育家、科学家顾毓琇先生题写。

阅江楼雄踞在扬子江畔，屹立于狮子山巅。建成后，它一跃成为南京的标志性建筑，带动了狮子山周边地区的全面规划调整与老城改造。狮子山西侧的天妃宫、静海寺经过扩建已与阅江楼、仪凤门连成一片，加上南侧的挹江门、绣球公园、小桃园，形成了一个南北长达2000米、

阅江楼夜景

东西宽500米的绿化旅游带，充分体现出南京"山水城林融为一体"的特色。

　　登楼望远，心旷神怡，大江风光一览无余，金陵美景尽收眼底。整个阅江楼还特别采用了各种光源灯具进行烘托亮化，当夜晚灯火齐明时，整幢建筑玲珑剔透，宛若仙境，成为南京滨江风光的标志性建筑。

第二章 江山形胜 楼记天合

狮子山巅的阅江楼

第二节 雄踞江畔 屹立山巅

山势险要

狮子山位于南京城西北角,山高78.4米,周长2千米,占地14万平方米,长江自西南方向流经此处后折向东流(是军事要塞、江防重地)。山之西隔江与浦口相望,山之东是有 2000 多年历史的南京城,以南是蜿蜒数里的四望山,以北是象山、老虎山、幕府山,与龙蟠(钟山)、虎踞(清凉山)成鼎足之势,地势险要,自古以来为兵家必争之地,是金陵城的西北门户,也是南京长江天然屏障的中心地带。20 世纪 60 年代,南京长江大桥建成后,狮子山的位置更显突出,成为南京城市轮廓线的重要组成景观,无论是沿长江还是经大桥进入南京市,狮子山均以其独特雄伟的气势充分展现着南京的古都特色和滨江风貌。

狮子山由于其独特的地理位置,从六朝开始就被历代帝王和兵家所重视。历史上的"温峤立庙战苏峻""南梁战败北齐军""岳飞抗金胜兀术""朱元璋智胜陈友谅""郑

古炮台

成功北征攻南京""太平军破城立天京""革命军清军夺要地""大总统北伐布炮阵""解放军渡江解放南京"等重大事件都发生在狮子山及其附近,均利用了其要害的军事地理位置。

狮子山上始建于清末的防务炮台曾两易旗帜,第一次标志着中国封建主义专制制度的结束,第二次标志着三座大山被推翻和蒋家王朝的灭亡。第一次易旗是在清同治十三年(1874 年),两江总督李宗羲及前任两江总督沈葆桢为防倭入侵,加强长江防务,先后从吴淞口至南京下关沿江各险要之处建筑炮台。炮台一律仿照西式,明炮台露顶,暗炮台形如堡垒。狮子山上设暗炮台 6 座,置炮 6 门;明炮台 2 座,置炮 2 门,建有炮房,配备守兵 500 余人,时为金陵古城和长江防御的重要军备。1911 年武昌起义爆发,江浙联军进入仪凤门,在狮子山上升起了革命军旗帜,为孙中山建立临时政府奠定了基础。就任大总统后,孙中山在北伐军总参谋长黄兴陪同下,多次登临狮子山查看炮台。他深入地道,对险要处的防御、炮位的坚固情况进行一一查看,布置极为周妥。第二次易旗是在 1949 年 4 月 21 日,中国人民解放军在江阴至九江的 800 千米战线上发起横渡长江的战役,"百万雄师过大江"。4 月 23 日,南京宣告解放。当时的狮子山炮台台长胡念恭是中共地下党员,他以炮弹库存时间过长、受潮不能用为理由,拒绝开炮。因而，解放军未遭炮火阻击，从浦口成功渡江。4月24日，渡江部队在中共南京地下党组织派遣的范慕秋同志的引导下，将一面鲜红的八一军旗插上了狮子山山顶。

狮子山内的军事地道，是在五个不同的历史时期，为发挥军事要塞的防御作用，军队不断修筑并使用过的。地道现存总面积约14000多平方米，可容纳约10000多人。这"五军"分别指清军、太平军、日军、国民党军、解放军。清朝末年，清军在狮子山山体内挖掘地道，作为藏兵、藏粮、藏武器之用，遇有战事，便同山顶炮台合力，以御敌军。太平天国年间，太平军对狮子山地道进行了整修，并加以扩大，以加强京都的防御，对保卫天朝政权发挥了一定作用。1937年12月，日军侵占南京，为加强对南京的军事防御，在南京周围增设了许多军事设施，其中包括对狮子山地道的整修和扩建。1945年8月，抗日战争胜利后，国民党军队为死保首都南京，加强了对南京周边战略要地的军事防御，对狮子山地道进行整修。20世纪60年代，驻守南京的人民解放军对原有狮子山地道进行了修缮和扩建，并建立了防空指挥所，成为南京城北地区规模最大的防空洞。

在对狮子山进行施工挖掘的过程中，工作人员还意外发现8枚礌石，这是一种古代守城时从高处推下撞压敌人的武器。石球直径约35厘米，重百余斤，整个石球由青石雕琢而成，外表无孔，完好无缺。专家从礌石尺寸、堆砌方式等角度分析，认定在狮子山发现的礌石属于明代文物。

城墙环抱

据史书记载，公元212年三国时的东吴孙权从京口（今镇江）迁都到秣陵改称为建业，在这里建立帝王之大业并在金陵邑故地上改建、修筑了南京历史上著名的石头城。以石头城为中心，沿江设烽火台，遇有军情，燃起烽燧，作为紧急通讯的工具。地处江边的卢龙山（今狮子山）距石头城仅2.5千米，地势险峻，是石头城西北面的门户，军事桥头堡，津戍要地，地位十分重要。

朱元璋在称帝前，采纳了高级谋士朱昇"高筑墙，广积粮，缓称王"的谏言，从他称帝前的元末至正二十六年（1366年）就开始修建城墙，一直到明洪武十五年（1382年）建成，整整花了21年的时间，在南京修筑了方圆33.676千米的城墙。为进一步加强防御，朱元璋又在洪武二十三年下令修筑了一道外城郭。因而，明代南京的城墙有四道，一是宫城，即紫禁城；二是皇城，在宫城的外围；三是京城，或称内郭城；四是外郭城，俗称土城头。狮子山段的城墙是明代的"京城"城墙，全长近3千米，是目前南京保存得比较好的一段古城墙。朱元璋看重狮子山的战略地

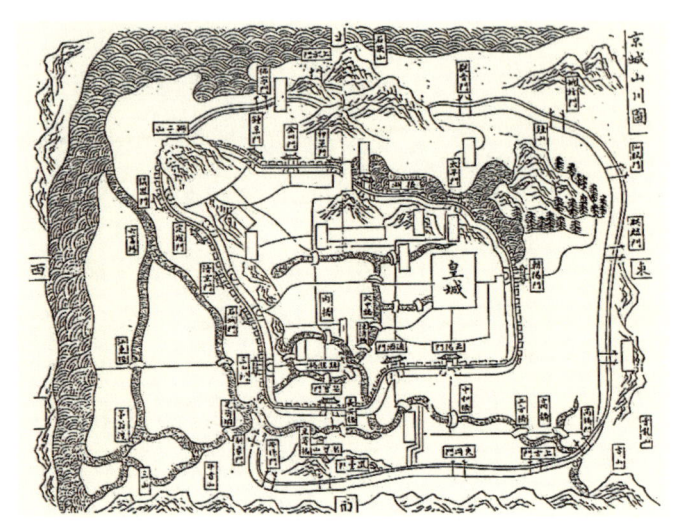

古代地图

位，特意将狮子山包入城内，环抱了狮子山的东、北、西三面，形成了一个凸出的尖顶，并在山的东西两侧开设钟阜门和仪凤门，以发挥其军事制高点的作用。

但是，这段城墙也并不完全是在明代修建，而是在筑城时将卢龙山上的古城堡及虎口城进行修筑并从而保留下来的。1963年，南京市文物保管委员会曾在狮子山北隅的明代南京城墙内发现一段全部以六朝砖垒砌的古城墙，个别修补过的地方还发现镌有"池司前军"和"靖安塘湾水军"的宋砖，证明六朝和宋代都曾在狮子山屯驻重兵。

第二章　江山形胜　楼记天合

城之角

"池司前军"是南宋绍兴元年（1131年）的建制。而靖安、塘湾原是南宋驻在下关境内的两支水军，嘉定十四年（1221年）十一月，塘湾、靖安两水军被并为一军。《至正金陵新志》中还记载了"靖安塘湾水军寨在古龙茅草冈的驻地"，古龙即卢龙山。

阅江楼脚下，一块石碑赫然刻着"城之角"三个大字以及"南京城墙最西北角，东经118°44′19″，北纬32°05′47″"等文字，证明这里就是明城墙的西北拐角。另据三维扫描技术获取的三维激光点云数据和空间坐标显

风景如画阅江楼

示，南京城墙现存长度 22728.98 米，确定城墙最低点的高度为 11.97 米，最窄处仅 0.97 米，均位于狮子山段。

登楼俯瞰，古城墙绕楼曲折蜿蜒，与阅江楼的古色古香相映成趣。

城市明珠

狮子山由于地处南京城西北，长江自西南方向流经此地后折向东流，位置突出，自古便是南京城轮廓线的重要组成景观，也成为人们登高骋怀、极目金陵之圣地。明代吕楠在《游卢龙山记略》中曾这样描述卢龙山胜境："乃至其巅磨盘平，即阅江楼旧址也。纵目四望，方山、青龙

第二章 江山形胜 楼记天合

东峙、牛首、花岩南拱,其西定山,逶迤绵亘,黄岩裹江而东,直抵瓜步,皆可见也。""内则钟山崒崔,建极而起,万松森蔚。视陵攸栖,而长江群峰,四面旋绕,真天造地设乎!""下见巨艘络绎,指北趋,足可观一统之盛。"意思是说:登上卢龙山顶,放眼四望,方山、青龙山耸立于东方,牛首山、花岩山环立于南天,西边定山逶迤连绵,黄岩山沿江东伸,直抵瓜步,一览无余。挺拔中央的钟山,山势峻峭,松木繁茂,太祖的孝陵悠然座落于其间,长江群峰四面拥绕,真是天造地设一般。俯瞰江面,大船不绝,络绎北上,足见一统江山之盛况。

万里玉带镶明珠,六朝古都尽风流。建成后的阅江楼,

阅江楼远景

以其巍峨的形态和磅礴的气势而成为南京沿江的一座标志性建筑，成为观赏大江风光和城市风景的最佳之处，进一步提高了城市西北制高点的海拔视角。登临楼上，漫步回廊，极目远眺，游人可以尽情观赏现代南京城车水马龙、高楼林立、彩虹飞架、巨轮穿梭的繁华景象。狮子山林木葱郁，护城河三面环抱，古城池托山连水，长江浪拍案可闻。远看老山蜿蜒起伏，紫金山层峦叠嶂，近观长江滚滚东流，钢铁彩虹飞跃天堑，扬子江上百舸争流，奔腾的江水如轻柔的缎带，随风飘动，这便是融山、水、城、林于一体的南京古都最真实的特色！每当夜幕降临之时，阅江

阅江楼夜景

楼内光外透，亮如白昼，度身定做的水晶外衣更加使得她风姿绰约、璀璨夺目，犹如飘浮在南京西北天空的蓬莱仙境，令人心旷神怡。

第三节　狮岭雄观　卢龙胜境

卢龙湖

古人常用"金城汤池"或"固若金汤"来形容城池的坚固，其中"汤"与"池"指的就是护城河。据史料记载，洪武元年，明王朝浚后湖（今玄武湖）及石灰山龙湾（今下关一带）河道被改造为护城河，从此成为南京明城墙防御体系中的重要组成部分。随着仪凤门段东西驳岸遗址的现身，明代南京城墙下关一带护城河的最初风貌逐渐清晰：从狮子山下的卢龙湖向南，沿着如今热河路的走向，拥有

宽度超过100米的开阔水面。清代开始，护城河被侵占"缩水"，人口逐渐聚集于此，用地需求日益增长，护城河逐渐被填埋作为用地，下关地区从江漫滩发展成繁华的通商口岸。

如今的卢龙湖成为整个护城河下关段最开阔的一片水域，沿湖修建有"揽胜亭""挽波榭""石趣园""醒狮桥"等临水建筑和景观。其中"揽胜亭"为一座明代建筑风格的水榭建筑，五开间，灰瓦，歇山卷棚顶，临水而建。"挽波榭"亦为一座水榭建筑，这些建筑与明城墙、阅江楼对应形成近景、中景、远景三个景观层次，从湖对岸隔水而望，犹如一幅山水画卷。"石趣园"利用高差变化的地形，采用黄石，或堆砌，或置石，作为自然石坡、石丘，其间种植以景天类植物为主的各种岩生花卉，配置了石桌、石凳和以石材为主的休息设施，石桌上刻有棋盘。"锦绣圃"

以花木为主要造景素材，在湖边通过地形、植物等不同形式的造景处理，丰富了片区的山水植物景观，营造自然、古朴，具有明代文化印记的园林意境。"醒狮桥"全长约90米，是钢筋混凝土结构的仿石七孔桥，造型以及栏杆、分水石、对联石等桥部件均采用明代制式，栏杆柱头上雕刻有24头雄师。

卢龙观

狮岭雄观，是指狮子山和山上的卢龙观，其名称起自明初金陵八家之一，山水画家高岑。他怀着对家乡山水胜迹的浓厚感情，绘制了《金陵四十景》全图，其中有一幅画生动地描绘了狮子山的险峻和卢龙观的宏伟，叫"狮岭雄观"，从此这一景点成为金陵优秀名胜，闻名遐迩。

卢龙观，以卢龙山而得名，建于明初，由朱元璋诏建，奉道教真武之神，后来卢龙山易名狮子山，但"观仍旧名"。明景泰年间（1450—1456年）重修卢龙观，正德五年（1510年）再修。有山门、左右碑亭、九天大殿、三清正殿、玉皇宝殿、左右钟鼓楼、左右廊房等道院9房，占地27000平方米。兵部尚书何鉴（字世光，浙江新昌人）曾撰有《卢龙观碑》文。清咸丰年间，卢龙观毁于兵燹。道光四年（1824年）《上元县志》载，"宋濂有自书《阅江楼记》，至今藏观中""卢龙观中又有卢龙晴雨二图，皆明人画，未载

卢龙胜境

张真人世代题咏诗"。可惜，这些极为珍贵的文物均已散佚。

游人从阅江楼景区东门入口处，可见一座雄伟、华丽且尽显明代建筑风格的大牌坊，其上"卢龙胜境"四个大字刚劲、浑厚，赫然跃入眼中。这四个字是大书法家武中奇先生在96岁高龄时所写。

地藏寺

地藏寺坐落在狮子山北山坡，大殿的建筑以明清古建筑风格为主体，屋面采用灰瓦、飞檐，檐下斗拱绘有彩图，柱子与门窗呈红色，整座寺庙在青山绿树之间，与山上的阅江楼交相辉映，协调一致。

佛经称地藏为"安忍不动如大地，静虑深犹如秘藏"，

地藏寺

就是说他如同大地一样，含藏着无数善根种子。地藏是在观音、文殊、普贤之后列入四大菩萨之中的。地藏肉塔坐落在九华山神光岭上，是佛教徒朝谒九华山圣地的主要场所。

  唐肃宗至德二年（757年）农历七月三十日，地藏菩萨显圣于金陵（南京）清凉山，故此山曾称小九华。明代移址城外牧马所凉马群（今清凉山凤凰桥附近），寺改为地藏庵。1937年12月，侵华日军占领南京，地藏庵遭劫，庵内比丘尼被迫四处逃散，后庵房改为小学校。抗日战争胜利后，复建地藏庵于三汊河地区。1997年，因旧城改造，地藏庵拆除，暂移至狮子山营房，作为临时道场。1999年10月，在狮子山复建，并更名为地藏寺。

玩咸亭

玩咸亭坐落在狮子山东南半山腰，始建于明嘉靖丙申年（1536年），亭边原有一个泉水潭，因"山上有泽"，在《易经》中属于"咸卦"，故名"玩咸亭"。

明代方克于嘉靖十七年（1538年）五月写了《玩咸亭记略》："金陵之静海寺，其东乃狮子山。其山既夷，有陵凸起，维石岩岩。其上有泽，中虚而明。克每爱其泉石之雅。嘉靖丙申，监督抽分爰与分司张子钟谋除其泽之东，倚山面泽，重构小亭，与泽西之旧亭相伍。亭成，僧以名请予，曰：山上有泽，其卦为'咸'。兹亭名欲称其

古玩咸亭

实,其玩'咸'矣乎!若夫,泉之甘,足以悦口;石之奇,足以娱目;修竹茂林之足以尔休尔游。钟山如龙之蟠其东,澄江如练之绕其西,皆斯亭之可玩者。抑末矣。"

这篇《玩咸亭记略》的大概意思是:南京静海寺的东面就是狮子山,那里既有平坦的山地,又有起伏的丘陵,岩石凸起。山上还有个小池子,池水清澈晶莹,我很爱这里的泉石之美。嘉靖丙申年(1536年),拟在小池的东面依山面水再造一个亭子,与池西边的旧亭子相配成一对。因"山上有泽",在《易经》中是属于"咸"卦的,所以就取名为"玩咸亭"。这里泉水甜美,山石奇倔,茂密的树木和修长的竹子,足以让你在这里游赏休息。站在亭子里可以看到这样的景色:远处的钟山像龙那样盘踞在东边,长江像条白练环绕在西边。

五色土

阅江楼景区园艺工人在狮子山山体西北侧意外发现这里的土壤颜色竟然有五种之多,按照红色、黄色、黑色、白色和紫色等层均匀分布,每层土呈带状,其中白色土壤明显夹杂小石块。经初步挖掘,这片五色土面积约50平方米。据土壤研究所专家断定,这里的五色土应为天然土壤。

据说,五色土在封建社会被视为帝王一统天下的吉兆,而狮子山在600多年前曾经是朱元璋和陈友谅为争夺天下

阅江楼五色土

而激战的古战场，五色土出现在此处，也许是巧合，也许另有故事，让人玩味。

狮子山出现五色土的消息不胫而走，许多媒体争相报道，不少喜爱古玩的人纷纷来到狮子山，想取一点五色土作为珍藏。阅江楼景区为保护这种罕见的五色土不受人为破坏，目前已采取措施，将五色土作为文物加以保护。

第三章

大明雄风 皇家气质

南京拥有着长达 2500 余年的建城史，在这漫长的城市发展历史中，明朝初期的建都史无疑是其中最灿烂的一笔。作为汉唐盛世后的又一个兴盛时代和最后一个汉族统治的封建王朝，明文化在中国文化史上占有重要地位。阅江楼、天妃宫、静海寺，无论是它们的历史由来，还是文化脉络，都与明文化关系密切，都是宏大、强盛、包容、文明的南京明文化特点的集中体现。

第一节　独运匠心　文化立楼

主题陈设

仿照大明皇帝朱元璋在《阅江楼记》中描绘的意境和构思建造的阅江楼，不仅具有高超的明代建筑技艺，展示了皇家气派，而且兼备深厚的文化内涵，突出了明文化主题，是南京这部明文化巨著中的重要篇章，也是明文化的瑰宝。阅江楼内部陈设的布局，围绕明文化这一主题，以多种形式展开。

一楼主要陈列"一椅""两匾""一壁"。"朱元璋九龙椅"是由上等优质红木仿制而成,重逾千斤。龙椅背上雕刻着九条龙,刻工精细,形象生动,在国内独一无二。龙椅背后是一面金字大靠壁,上面镂刻着朱元璋亲自撰写的《阅江楼记》。"治隆唐宋"匾是清圣祖

一楼"龙椅"

一楼"治隆唐宋"匾额

一楼"得水载舟"匾额

第三章 大明雄风 皇家气质

康熙皇帝南巡拜谒明孝陵时所题写,是他在耳闻目睹了南京城的盛况后,对明太祖朱元璋和明成祖朱棣发出的赞叹之词。他认为明洪武和永乐年间国家的治理和建设胜过了盛唐时期和宋代。"得水载舟"是明代统治者的座右铭。原句出于唐太宗李世民的"水能载舟,亦能覆舟"。唐太宗把水比作老百姓,意思是统治者治理国家时,要顺民心、应民意,不然就得不到政权,即使得到了政权也会被推翻。东面墙陈列着明朝历代皇帝的画像,大明王朝自 1368 年建立至 1644 年结束,一共经历了 276 年,共有 16 位皇帝,画像根据有关历史资料和故宫的画像资料由名画家绘制而成。

一楼"明朝历代皇帝画像"

朱元璋像　　　　　　朱棣像

二楼展示了明朝的灿烂文化，有明朝版图、名家书画、科学技术，详尽地介绍了郑和下西洋期间中国先进的科学文化。

三楼主要陈列"一船""一画"。"宝船模型"是郑和下西洋时所乘之宝船。"巨型瓷画"是当今国内最大的景德镇瓷画，反映了1405年到1433年间郑和七下西洋的这段历史。

六楼主要陈列"四大名楼"双面绣、百狮台、蟠龙藻井。"四大名楼"双面绣由15名绣工花了半年多的时间，用了1.5千克丝线绣成的。画面上的岳阳楼、黄鹤楼、滕王阁、阅江楼显得绚丽夺目、流光溢彩，堪称苏绣中之极品，

第三章 大明雄风 皇家气质

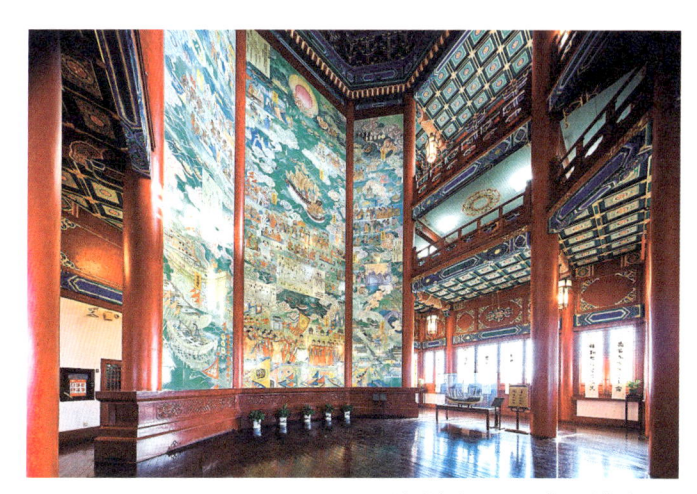

三楼"郑和七下西洋巨型瓷壁画"

六楼"四大名楼"双面绣

六楼"百狮台"

六楼"蟠龙藻井"

欣赏价值很高。"百狮台"由上等红木制成，共雕刻106只大小狮子，形态各异，栩栩如生。楼顶的蟠龙藻井是用整根香樟木雕刻而成，龙身长2米，用24K黄金包裹而成，金碧辉煌，代表着中国封建等级制度下最尊贵的皇家宫殿。

镇楼之宝

阅江楼以600余年"有记无楼"的历史、明代"帝王之楼"的气派而闻名中外，也以"五项全国之最"而独具创意。建造者们传承创新、匠心制造，进一步提升了阅江楼的历史文化底蕴。

从阅江楼景区东门入园，首先映入游客眼帘的是一对雄姿勃发的石狮，这是目前国内最大的石刻雄狮，高4.8米，重约30吨，是用整块苏州金山石雕刻而成。一般，一对狮子为一公一母，公狮脚下踩一只绣球，母狮脚下有一只小狮子。而这两只狮子是按照盱眙县明祖陵的守门狮子刻制的，两只都是雄狮，姿态独特，气势雄浑，犹如皇家警卫，颇具皇家气概。

沿山路拾级而上，在阅江楼前的大平地上有座碑廊，内有一个国内最大的汉白玉碑刻非常醒目，这块汉白玉高3.1米，宽4.8米，重15吨，由北京房山开采而来。碑身正面镌刻有朱元璋所写的《阅江楼记》，由新疆著名书法

石狮子

家席时珞所书。背面是大学士宋濂的《阅江楼记》，文笔简洁而流畅，由南京著名书法家常志成所书。

　　阅江楼南面的大平台上，可见用青铜铸造的阅江楼鼎，重达 4 吨，是全国最大的仿西周后母戊鼎。鼎是封建社会国家政权的象征，鼎上刻着篆体字"狮梦觉兮髭张，子孙

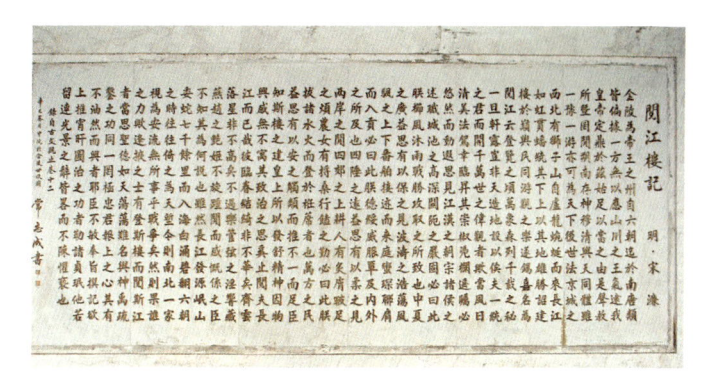

大学士宋濂的《阅江楼记》

骄以炎黄，山为挺其脊梁，阅万古之长江，江赴海而浩荡，楼排云而慨慷，鼎永铸兹堂堂"。这七句话每句的第一个字连起来，就是"狮子山阅江楼鼎"，其内容是中国韵文学会会长、南师大教授钟振振所撰。

阅江楼的三楼悬挂着一幅《郑和下西洋》瓷画，这幅瓷画高 12.8 米，宽 8 米，是国内最大的景德镇瓷画。其内容反映了从 1405 年到 1433 年郑和七次下西洋的历史，画面由"建造宝船""龙江始发""驾风驭帆""云驰星疾""荡舻九州""朝觐天子""宣传文明""贸易互利""惊涛巨浪""宣诏赏赐"等 12 个部分组成，详细描述了航海家郑和按照永乐皇帝的旨意建造宝船，到阿拉伯朝觐圣地，以及去西洋各国宣传中华文明和开展商品贸易的盛况，以及永乐皇帝敕建静海寺、天妃宫的情景。

郑和七下西洋画

第三章 大明雄风 皇家气质

朱元璋阅江浮雕画

　　阅江楼正南门上山步道的半山平台上，有一幅《狮岭雄观》浮雕，这幅浮雕高 2 米、宽 8 米，是国内最大的青铜浮雕像，由雕塑大师吴为山创作。雕画中明太祖朱元璋正率领文武大臣巡检江防要塞，一只睡狮静卧脚下（象征狮子山），滔滔江水正从龙嘴中喷涌而出，奔流东去。整幅作品天然浑厚，栩栩如生，富有个性，再现当年朱元璋阅江的壮阔场景。吴为山曾写一段文字描述此画："远望：群臣簇拥，浩浩荡荡乎，洪武帝狮岭阅江！山川之王气，与天同体。近观：卧狮昂首，飞峙大江，阅江高楼，覆山首，雄视旷古，一目盈怀。'碧瓦朱楹，檐牙摩空而入雾，朱帘风飞而霞卷，彤扉开而彩盈。'"

第二节　海丝壮举　天妃赐福

航海梦想

经过 30 年的治理，到永乐年间，明代在经济和国防上逐渐强盛壮大。明成祖朱棣采取了开放政策，取消了"海禁"，扩大了对海外的贸易往来和文化交流，宣传明王朝的"怀柔"政策，使明王朝的国威大振。为扩大与海外各国的友好往来，明成祖朱棣派遣郑和下西洋。郑和于公元 1405 年至 1433 年，历时 28 载，航程 10 万里，先后七次下西洋。郑和第一次下西洋是 1405 年 6 月到 1407 年 2 月；第二次是 1407 年冬到 1409 年夏；第三次是 1409 年 12 月到 1411 年 6 月；第四次是 1414 年 11 月到 1415 年春；第五次是 1417 年 5 月到 1419 年夏；第六次是 1421 年到 1422 年；第七次是 1431 年 1 月到 1433 年春。郑和船队先后到过亚、非等 30 多个国家和地区，友好访问、调解纠纷、布施供物、宣传文明等。郑和七下西洋的伟大壮举，论时间比哥伦布 1492 年首航美洲要早 87 年，比麦哲伦 1519 年环球航行

航海图

早 114 年。论规模，哥伦布第一次航行新大陆时只有 87 人，麦哲伦环球航行只有 234 人，而郑和下西洋有大小船只 200 余艘，各类人员约 27000 人，这是中华民族对世界航海事业做出的杰出贡献。

永乐年间，造船业亦蓬勃发展。据记载，当时南京下关地区就有一座庞大的龙江船厂，北到建宁路，南到热河南路中间，东到护城河，西到惠民河岸，厂的范围有 3 平方千米左右。而位于秦淮河以西，为郑和出使西洋打造船只的宝船厂的规模更大，仅"船坞"就有七个。"大宝船"最大的长 138 米，宽 56 米，航行时有 9 桅 12 帆，可载重 7000 吨。这在 600 年前，称得上是世界上船只之最了。

妈祖信仰

妈祖本名林默，福建莆田湄洲岛港里村人，生于北宋建隆元年（960 年）农历三月二十三日，卒于雍熙四年（987 年）农历九月初九日。林默娘仙逝后，人们颂扬她拯危济困、扬善去恶的精神品德，在湄洲岛上为她建造了第一座庙堂，尊其为"通灵神女"，并亲切地称呼她为"姑婆""娘妈""妈祖"，每逢出海打鱼或经商都要拜祭祷告，祈求妈祖保佑。庙堂一年四季香火不断，而且几乎家家户户的民船上，都供奉着妈祖神像。

妈祖信仰的产生，本是人们对妈祖生前扬善去恶、济世救人、舍身救难的崇高精神的敬仰和神化。后来妈祖信仰之所以能在各地广泛传播，且规格不断提升，主要是宋代及其以后的历代朝廷借助妈祖信仰来安抚民心、推行国策、维护政权，不断为妈祖"加官晋爵"。在官方和民间的相互促进下，妈祖信仰的传播不断扩展并深入到我国东南沿海各地以及内陆江河口岸。据统计，全国各地有妈祖宫庙记载的就有22个省市，450个县。随着中国海员和移民的足迹，妈祖信仰被带到日本、东南亚等地，近代还传播到欧洲、美洲、大洋洲、非洲等世界各地。据统计，目前全世界共有妈祖宫庙2500多处，信奉妈祖文化的民众达2亿人之多。

下西洋的船队在海上信风航行，经常会遇到狂风巨浪，随时都有船翻人亡的危险，加上长时间在海上航行，官兵们心理和精神上的压力也很大，因而祈求"神灵"保佑安全航行势在必行。为此，郑和每次下西洋都祈求天妃保佑，在船上也供有天妃神像，朝夕供奉。遇到海难、海盗时，必祈求天妃神助。

南京天妃宫

永乐五年（1407年）郑和第一次从西洋顺利而归，为感谢天妃保佑海上平安，明成祖朱棣赐建"龙江天妃宫"（当时称天妃庙）于狮子山麓。永乐七年（1409年），

天妃宫妈祖神像

朱棣以神屡有护助大功，加封天妃为"护国庇民妙灵昭应弘仁普济天妃"，同时正式将天妃庙赐额为"弘仁普济天妃之宫"，俗称"天妃宫"。永乐十四年（1416年），朱棣又为龙江天妃宫写下了《御制弘仁普济天妃宫之碑》一文。至此，后帝钦定龙江天妃宫已闻名天下。清康熙二十三年（1684年），清圣祖特封天妃为"护国庇民妙灵昭应仁慈天后"，"天妃"上升为"天后"，但龙江天妃宫仍用原名。

当时的天妃宫非常华美,廊下宫内画满了精美的壁画。史料中多有对古龙江天妃宫的规模的记载：明正德十三年（1518年），黄谦在《天妃宫重修碑记》中写道："人之信慕，古今一致，是乎本宫之外，又有三清殿、玉皇阁，各随其力之所及，极其庄严，金碧交映，焕然天设。""天妃宫前后殿宇、房屋、廊庑、碑亭楼共七十九间座，周围外墙垣,计一百八十一丈余。"明万历二十九年(1601年)，钱塘进士葛寅亮在《金陵玄观志》提道："龙江天妃宫在都城外狮子山西城地"，与"仪凤门相望"，"宫枕城，城半在山趾。当时（初建时）龙江经其下，今为平陆。宫殿华峻，廊庑绘海中灵异，丹青满壁。玉皇阁高可见江，朱棂翠栋，与远近帆樯映色。宫后有裟罗树，亭亭于云，翠影如盖"。基址左至仪凤门，前至官街（今建宁路），右至静海寺，后至凤城。清乾隆四十八年（1783年），

第三章　大明雄风 皇家气质　　　　　　　　　　　　　　075

南京天妃宫

妈祖信灯

王友亮《金陵杂咏·寺观类》《天后宫》（亦称天妃宫）诗中，也描绘了龙江天妃宫："远舶邀奇右，丰碑荷特褒。红镫传绝屿，碧瓦俯奔涛。亭列娑罗古，门临卓楔高。纱帷搴翠凤，画壁犁金鳌。侍女纷珠节，神兵簇宝刀。渺茫非臆度，绰约独操权。水德三灵协，霜威百怪逃。鲛人虔奉约，飓母敢逞豪。河海诚俱应，江湖惠亦叨。请看春季月，万里集牲醪。"清代诗人周月溪在《赞天妃宫》中描绘："卢龙峰下起珠宫，金碧楼台气象雄。海上自归天使后，至今谁不仰神功。"

　　清朝咸丰年间以后，天妃宫屡遭毁坏，昔日宏丽荡然无存。太平军与清军的包围和反包围战争中，龙江天妃宫等一批寺庙均遭到严重毁坏，有的化为了废墟。清同治四年（1865年），

御制弘仁普济天妃宫之碑

妈祖信徒们募捐重建了天妃宫，用于祭祀天妃，祈求妈祖保佑平安，但这时的天妃宫建筑面积缩小了，建筑规模也小了。

1937年冬，日军侵占南京城，天妃宫全部毁于战火，仅存天妃宫碑。此碑高6米，重27吨，碑身上镌刻着明成祖亲自撰写的碑文。碑文共有699字，字体遒劲秀美。碑文分为两部分，前半部分是散文，后半部分是诗歌，大意是颂扬明太祖在位时的功德和天妃护航的圣德。它是国内现存最大的郑和下西洋刻石，也是现存妈祖碑刻中的极品，是全世界范围内妈祖文化最高规格的文化遗存，具有重要的历史文化价值和书法艺术价值。1957年被认定为省级文保单位，1996年扩建静海寺旧址时，将天妃宫碑移至静海寺内。

御制弘仁普济天妃宫碑碑文

仰惟皇考太祖高皇帝，肇域四海。幅员之广，际天所覆，极地所载，咸入版章。怀柔神人，幽明循职，各得其序。朕承鸿基，勉绍先志，周敢或怠，抚辑内外，悉俾生遂，夙夜兢惕，惟恐弗逮。恒遣使敷宣教化于海外诸番国，导以礼义，变其夷习。其初使者涉海洋，经浩渺，飓风黑雨，晦冥黯惨，雷电交作，洪涛巨浪，摧山倒岳，龙鱼变怪，诡形异状，纷杂出没，惊心骇目，莫不错愕。乃有神人飘飘云际，隐显挥霍，下上左右，乍有忽无。以妥以侑。旋有红光如日，煜煜流动，飞来舟中，凝辉腾燿，遍烛诸舟，熇熇有声。已而烟消霾霁，风浪帖息，海波澄镜，万里一碧。龙鱼遁藏，百怪潜匿。张帆荡舻，悠然顺适，倏忽千里，云驶星疾。咸曰：此天妃神显示灵应，默加右相。归日以闻。朕嘉乃绩，特加封号曰"护国庇民妙灵昭应弘仁普济天妃"。建庙于都城之外，龙江之上，祀神报贶。自是以来，神益显休应，视前有加。凡使者及诸番国朝贡重译而来者，海舶往还，驾长风，驭飞帆，蓦数万里，若履平地，略无波涛忧险之虞，歌吟恬嬉，咸获安济。或胶于浅，冒入险阻，则陵徙谷移，略无关阂。奇灵异效，莫可殚纪。今夫江湖之间，以环海视之，如池沼之多，猛风急浪，尚有倾樯破楫之患，而况于临无涯不测之巨浸也哉。然则神之功于是为大矣。虽然君国子民其任在朕，而卫国庇民必赖于神。阴阳表里，自然之道，沧溟渤澥，神之攸司。凡风霆雨露，寒暑燥湿，调变惟宜。易沴为祥，奠危为安，铲险为夷，皆神之能，其可无文以著其迹。爰书其事，建碑于宫，并系以诗曰：

湄州神人濯厥灵，朝游玄圃暮蓬瀛，

扶危济弱俾屯亨，呼之即应祷即聆。

上帝有命司沧溟，驱役百怪降魔精，

囊括风雨电雷霆，时其发泄执其衡。
洪涛巨浪怗不惊，凌空若履平地行，
雕题卉服皆天氓，梯航万国悉来庭。
神庇祐之功溥弘，阴翊默卫何昭明，
寝宫奕奕高以闳，报祀蠲洁腾苾馨。
神之来兮佩珑玲，驾飚车兮旖霓旌，
云为宬兮雾为屏，灵缤缤兮倏而升。
视下土兮福苍生，民安乐兮神攸宁，
海波不兴天下平，于千万世扬休声。

永乐十四年四月初六日

南京天妃宫

2005年重建开放的南京天妃宫，采用明代宫廷建筑的形制和风格，由东西轴线建筑院落组成，两轴线为两进院落形式，主要建筑包括天妃大殿、观音殿、碑亭、妈祖文化展、东西厢房及配殿等。它恢复了龙江天妃宫的历史原貌，彰显了郑和七下西洋的伟大壮举，展示出中华民族的强大国力、灿烂文化，并借助每年妈祖诞辰（农历三月二十三日）等重要节庆活动，凝聚起中华妈祖的共同信仰，成为侨台合作交流的重要阵地。

第三节　静海沧桑　警钟长鸣

静海寺

静海寺位于狮子山西南麓，是明永乐九年（1411年）郑和第三次从西洋返回时，明成祖朱棣为褒奖郑和下西洋的功绩而敕建，赐名"静海"，意为四海平静（祈求太平）。之后，每次郑和出海前都要在此举行盛典。

古静海寺规模宏阔，占地约2万多平方米，被誉为"金陵律寺之冠"。古静海寺香火鼎盛，殿宇恢宏，名扬四海，有山门、金刚殿、韦驮殿、钟鼓楼、天王殿、祖师殿、轮藏殿、潮音阁及僧房（宿舍）、香积厨（伙房）、斋堂（食堂）、职事堂（库房）等殿房共80余间。古寺院内山石俊秀，井泉清澈，树茂花繁。每至春日蔽荫数亩，花开似

古静海寺

锦。主建筑大雄宝殿殿宇高耸，气势恢宏。郑和晚年曾一度在该寺居住，寺内殿墀中种植着他从西洋带回的一些奇葩异卉、珍贵树木，如西府海棠、詹萄花、五谷树、娑罗树等，殿堂中供奉陈列着从海外带回的佛菩萨雕像、水陆罗汉像、精美绘画作品、象牙、犀角、香料等奇珍异物。

中华人民共和国成立后，经历了灾难和战火的静海寺，仅剩偏殿数间。1987年在旧址复建628平方米的仿明建筑，由于不是原貌的修复，故称为"古静海寺旧址"，1990年被辟为《南京条约》史料陈列馆，并于当年8月29日——《南京条约》签约日，正式对外开放，成为中宣部命名的首批"全国百家爱国主义教育示范基地"。

静海沧桑

　　1996年6月30日，中国政府恢复对香港行使主权倒计时牌在陈列馆院内落成，陈列馆从此走出冷清，静海寺也被拭去浮尘，社会各界向这里投来了关注的目光。当年年底，为欢庆香港回归，静海寺进行了扩建，陈列馆的占地总面积达到2800平方米。建筑庭院具有江南园林风格，山水树木、楼台亭廊错落有致，相衬相谐。狮子山、古城墙作为巨大的背景，壮观雄浑。庭院内更有阅尽沧桑的天妃宫碑和古朴雄浑的警世钟，为静海寺《南京条约》史料陈列馆平添了历史的凝重感。1997年7月1日零点，在155下撞击钟声中，静海寺旧址经历了一场历史性的洗礼，洗却百年耻辱。人们和着洪亮的钟声欢呼香港回归，在悠长的钟声中，倾听历史的回响⋯⋯

2023年，静海寺完成了新一轮的外部修缮和展陈提升，以"从屈辱到自强"为主题，旨在展示《南京条约》的签订、内容、危害以及废除的历程，引导和教育人们勿忘历史，居安思危，学习感悟中国近代以来从苦难走向辉煌的历史必然。静海寺《南京条约》史料陈列馆以其独具的历史内涵、教育功能和崭新的面貌出现在世人面前，成为对广大群众进行中国近代史和爱国主义教育的生动课堂。

静海寺与《南京条约》

清道光二十二年（1842年），英国侵略军把鸦片战争的战火烧进了长江，在攻陷了吴淞口和镇江城后，直逼江南重镇南京。8月10日，80余艘舰船集结于下关江面，英军从燕子矶登陆，扬言攻城，要挟清政府。道光皇帝命广州将军耆英、乍浦副都统伊里布为钦差大臣，会同两江总督牛鉴，与英军议和。谈判先在英军船上，时值盛夏，船上暑热难耐，于是改为陆上进行。清政府出于尊严不愿让英军进城，而当时下关没有像样的建筑，就选定在静海寺会谈、议约。由此，静海寺成了中国近代史上第一个不平等条约——中英《南京条约》的主要议约地。

在静海寺进行的会谈一共有5场，8月12日和8月13日双方的重要人物均未出场。8月14日谈判进行最高

《南京条约》签约场景

级会晤，英方是璞鼎查，中方是耆英、伊里布和两江总督牛鉴。此前，这几位重要人物已经在停泊于下关江面的英舰"康华利号"上会过面。接着双方又在8月24日和8月27日继续商谈条款的细节，中英谈判代表第五次会面时，谈妥了和约的一切条款，只等签字生效。8月29日，双方在下关江面的英军旗舰"康华利号"上正式签署了条约，香港岛从此被迫割让给英国。

英方代表璞鼎查,即首任香港总督砵甸乍

数百年间,静海寺历经战火,几修几毁,中华人民共和国成立后仅存偏殿数间,断垣残壁,破败不堪,一如它所承载的历史变迁——由昭示郑和航海伟业的辉煌,到蒙受清政府丧权辱国的耻辱。静海寺集荣辱于一身,个中可见中国历史之一斑。

三宿岩

三宿岩

三宿岩位于静海寺中，原为古代江畔一奇石，酷似一座天然假山，由于长江河床的变迁，它逐渐与陆地相连。其周围 10 平方米，高约 10 米。怪石嶙峋，洞水深，雄浑粗犷，藤萝竹树苍郁。"三宿名岩"在清代被列为"金陵四十八景"之一。关于三宿岩，历史上曾有两文记载：一文是明代陈文烛于万历年十九年（1591 年）写的《三宿岩记略》，另一文是明代著名作家文徵明的《三宿岩》诗。

关于三宿岩的来历，有关史料记载：静海寺中有危石，垒石可凸起，岩穴相贯，虞允文曾三宿其下，上有宋人题名石刻，世相传为"三宿岩"。南宋绍兴三十一年（1161 年）八月，中书舍人、参谋军事虞允文在采石以仅有的

18000余名将士，先后打败了40万金兵数次进攻，焚毁敌船300余艘，取得了著名的"采石大捷"。完颜亮大败而去，虞允文也顺江而下，在建康龙湾（今下关）一个岩洞里系舟住了三天，故后人称此处为三宿岩，并沿用至今。虞允文因建奇功，被宋孝宗拜为左丞相，封雍国公。

李时珍采药处

李时珍用27年时间，数易其稿，于明代万历六年（1578年）撰成《本草纲目》，第二年他带着手稿到南京联系刻印出版。到南京后，李时珍寓居在狮子山西侧的静海寺内，在联系承印期间，他几乎登遍四郊的山麓，远到茅山，近在狮子山采药，并在静海寺考察研究航海家郑和从南洋诸国带来的栽植于寺内的三七、芦荟、胡椒、荜芨、乳香、汲药、血竭及白豆蔻等几十种花草和番药、夷果，不时地补充《本草纲目》的遗漏，增补了番药、夷果二部。

李时珍寓居在静海寺，一边为大量的患者诊病疗伤，赢得了极高的声誉；一边潜心著书立说，在研究番药、夷果时，曾经将在南京附近采集来的草药"活株"栽植在寺后的狮子山上，或抢季节将药种播于土中，以观其变或作研究，为修改著作服务。这位伟大的药物学家，以其追根究底的严谨的治学精神，将《本草纲目》与南京、静海寺、狮子山联系在了一起。

第四章

怀古颂今 文化地标

第四章　怀古颂今 文化地标

以一座名楼为载体，其历史、建筑、山水、诗文、人物等形成了名楼的综合文化。楼阁本体与山水环境、城市风貌、历史人物、华章警句等有机融合，成为各地收揽风物、吐纳江山，凝聚地方情感和精神文化的空间坐标。

第一节　文人墨客 咏叹流传

阅江客情缘

旅美著名教育家、百岁老人顾毓琇赋诗一首，盛赞南京市建成阅江楼，顾老题诗写道："开国多贤哲，南雍庆百龄。阅江楼上客，千载留芳名。"

顾老是学贯中西的著名教育家、科学家、诗人、戏剧家、音乐家和佛学家，对南京有着深厚感情，曾任国立中央大学校长，熟悉南京的山山水水，并对狮子山情有独钟。2002年，当他在美国得知，600年前明太祖朱元璋想建而未建成的阅江楼已在狮子山上落成，并成为南京的标志性建筑时，感慨万千，连梦中都想到南京登楼一览大江风光。

回想南京近代百年沧桑，顾老欣然题下"阅江楼"三个大字，还对诗作出了解释，"开国多贤哲"既指孙中山1912年元旦的开国，也指毛泽东领导下的开国，百年来涌现出一大批志士仁人。"南雍庆百龄"，顾老生于1902年，南京大学、东南大学也创办于1902年。诗的末二句则进一步抒发对南京、对狮子山、对阅江楼的关切之情。

顾老在给其自传《百龄自述》的责任编辑的信中写道，想得到一张南京阅江楼的照片，将来《百龄自述》再版时，把这张阅江楼的照片印一彩色插页附于书中，并亲自设计了版式，在信封背面又特嘱勿忘印上"开国多贤哲，南雍庆百龄。阅江楼上客，千载留芳名"这首贺诗。

凡顾老认为重要的信函，署名处都钤印章，信封背面还盖有"阅江楼客"的闲章。顾老在致学生江泽民同志的信中特地写到自己为阅江楼题匾一事，并邀江主席将来寻访南京时得空前去参观。

《登阅江楼》

［明］ 王守仁

绝顶楼荒旧有名，高皇曾此驻龙旌。
险存道德虚天堑，守在蛮夷岂石城。
山色古今余王气，江流天地变秋声。
登临授简谁能赋，千古新亭一怆情。

第四章　怀古颂今　文化地标

千百年来，阅江楼已成了等待的风景，令文人骚客探楼高歌，遥想沉吟。

明代正德九年（1514年）四月，王阳明擢升南京鸿胪寺卿，五月赴任。金陵一梦，唯余残楼。登楼怀古，感慨系之。在将"变秋声"的夏末秋初之际，诗人、哲学家王阳明登临阅江楼，写下了饱含家国情怀的诗化哲学篇章。

王阳明

这位哲学宗师所想到的，首先是元末乱局中英雄的崛起，以及这一历史盛况背后的偶然与必然——在风雨的剥蚀下，此处虽"绝顶楼荒"，但却因"高皇曾此驻龙旌"而造就了它的"旧有名"。当年君臣共撰登临之文的盛举，随着朱棣迁都，南京成为"留都""陪都"，也都渐渐化为帝王文治的昨日风流，楼阁也渐成了文坛旧迹。

中华文化所孕育的家国之思，将再次严峻地直面这样的问题：何以域民、固国、威天下？是道德，还是天堑？100年后，作为军事长官的王阳明，登临阅江楼，凭栏吊古，抚今追昔。

遥想明初，朱元璋在一统天下、畅抒胜者豪情之余，并发"谋以安民"的治国宏愿，确可谓"王气"勃发！而今，这种"王气"哪里去了？在秋风萧瑟中，一位同是军事家和哲学家的诗人拾级而上，登临狂吟，质问历史，追寻真正的"王气"所在。诗人在此抒发的江山之固在德政修明，而不在山溪之险的感想，不仅回溯追问，而且寄望来哲。

诗人还想象，后来的登临者所应面临的困境应当是："登临授简"盛举既已不再，这样的新章"谁能赋"出？诗人进而想到了偏离圣学、偏安一隅的历史境遇，以及那不堪回首的历史苦果。新亭在江宁，它曾是晋人南渡后的游宴之所，也是后世一个无奈偏安的文学符号。明代这位集立德、立功、立言于一身的心学大师,以诗人的敏感与政治家的清醒,彻底撕破了"新亭"这个符号偏执、幼弱的意义,他坚信"读书学圣贤"才是应该追求的境界。当诗人凭楼远眺,发思古之幽情时,他便力主:当赋王者之诗,不赋阴柔细词;当思德治教化,不凭勇武争霸。豪杰人格,狂者胸次,从诗境中腾展而出。

楹联、书法作品
一、楹联

1. 千古江声流夕照
   九天楼影俯朝飞
   钟振振撰　潘力生书
   南门山腰石牌坊

2. 狮梦醒来顶天立
   龙吟远去搏海飞
   陈仲明书
   南山门南面

3. 起兵濠上　先存捧日之心
   定鼎江南　遂作擎天之柱
   朱元璋撰　常志成书
   南山门北面

4. 东迎紫峰千年瑞气
   北望金龙万里雄风
   万宗耀撰、书
   阅江楼大平台侧亭双柱上

5. 六代旧江山楼阁千寻尊虎踞
   九州新岁月风涛万里壮鸿图
   潘力生书
   阅江楼三楼南侧门柱（东）

6. 佳山佳水佳风佳月千秋佳地
   痴声痴色痴情痴梦几辈痴人
   朱元璋撰
   阅江楼三楼南侧门柱（西）

7. 吴楚名楼今则四
   水天明月古来双
   钟振振撰　常志成书
   阅江楼三楼东侧门柱

8. 天地沉浮迎日出
   古今代谢阅江流
   沈鹏书
   阅江楼三楼东侧门柱

9. 供眼江山开远虑
   骋怀云物荡闲愁
   赵朴初撰
   阅江楼三楼东侧门柱

10. 登楼畅览江奔海

　　望月微闻桂逸香

　　桑作楷书

　　阅江楼三楼北侧门柱

11. 蛟龙东去欲探海

　　崇楼北望可阅江

　　俞明撰　陈立夫书

　　阅江楼三楼北侧门柱

12. 高楼入云霄，俯阅江流万里，健行天外，古都巍峨，龙蟠虎踞，方悟圣哲言君王梦

长桥卧洪波，远观舟车千乘，畅达宇内，新城轩昂，政通人和，乃知父老情子弟心

钟岚雨撰　庄希祖书

阅江楼三楼北侧门柱

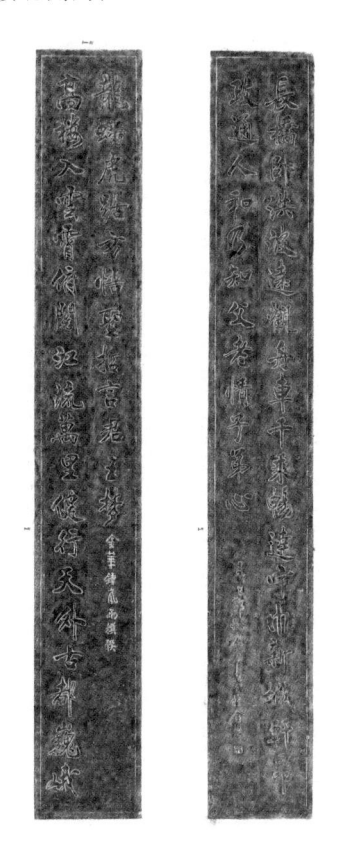

13. 一脉长江，携三山五岳，历古往今来，荡荡浩浩
    九州大地，放万紫千红，阅秋冬春夏，莽莽苍苍
    张颢瀚撰　苏士澍书
    阅江楼三楼西侧门柱

第四章 怀古颂今 文化地标

14. 统万马麾千军功成百战人言信
    一九州宁四海国瑞双悬日月明
    钟振振撰　陈永正书
    阅江楼内一楼

15. 开眼向洋看世界
    放怀作海纳乾坤
    钟振振撰　胡平书
    阅江楼内二楼

16. 一江奔海万千里
    两记呼楼六百年
    俞明撰　俞学潮书
    《阅江楼记》碑廊门柱内联

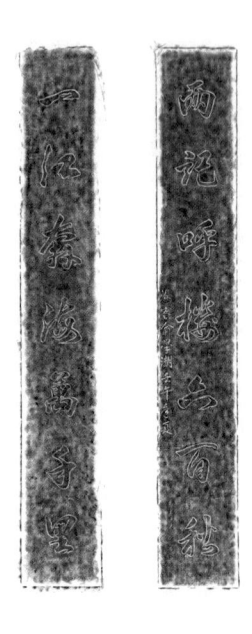

17. 俯瞰奔涛巨龙入世欲探海
    仰瞻高阁彩凤引人思阅江
    《阅江楼记》碑廊门柱外联

第四章 怀古颂今 文化地标

18. 山泽空明星淬火
    江风浩荡月流金
    钟振振撰　常国武书
    玩咸亭亭柱

19. 已见河清海晏
    犹闻狮吼龙吟
    常国武撰　启功书

二、书法作品

1. 阅江揽胜　李啸书

   南门前石牌坊

2. 狮岭雄观　言恭达书

   南门山腰照壁

3. 江南第一楼　尉天池书

   南门山腰石牌坊

4. 政通人和　武中奇书

   南山门

5. 阅江楼　顾毓琇书

   东面楼顶檐下

6. 阅江楼　尉天池书

   南面楼顶檐下

7. 得水载舟　常志成书
   阅江楼内一楼

8. 治隆唐宋　常志成书
   阅江楼内一楼

9. 孙中山观江亭　启功书
   观江亭檐下

10. 古玩咸亭　茗山法师书

　　玩咸亭檐下

11. 卢龙胜境　武中奇书

　　东门牌坊北面

12. 狮岭雄观　华人德书

　　东门牌坊南面

13. 狮子山　沈鹏书

东门广场照壁

第二节　人文引领 城市地标

不论是过去留下的历史名楼，还是当代新建的文化名楼，作为中国特有的一种建筑形态，名楼的价值意义已然超越了经典建筑文化本身，其所凝聚着的是一个城市的文化积淀、价值取向和时代追求。

如果说建筑是一种凝固的艺术，那么楼阁更是中国传统建筑中极具特色的人文精神载体。自600年前有记之始，阅江楼就与南京城产生着千丝万缕的文化互动，已经成为南京城市文化的重要名片。

特异的坐落格局和建筑形制，赋予了阅江楼空间使用价值；精湛的仿古技艺和设计语言，赋予了阅江楼空间审美价值；独特的文化氛围和历史形态，赋予了阅江楼空间文化价值。凭楼仰望或是登楼极目，赏格局之精妙，赞建

筑之华美，追历史之沧桑，感古今之变迁。阅江楼对南京而言意义重大，它既是一处珍贵的古建筑保护对象，又是一个主城西北登高瞭望的景观地标；它既有融入特殊地理格局的明史风情，又有承载古都人文情感的艺术形象。

　　登高览胜，畅怀抒情。迎春、赏秋时节，登阅江楼是不二之选。远眺观景，极目之下，西北面烟波浩渺的江水奔流不息。沿江水北望，南京长江大桥如一条巨龙横卧江面，熠熠生辉，巍峨雄伟。南望主城内高楼林立，车流如川。近前，卢龙湖如环绕狮子山的翡翠玉带，在阳光下闪着细细的波光。斑驳的古炮台，绵延的古城墙，孤寂的静海寺……将几百年的沧桑静静述说。夜晚，信步观楼，阅

阅江楼远观

第四章 怀古颂今 文化地标　　113

修缮阅江楼

江楼通体流光溢彩。登高远眺,江面上船灯星星点点,最耀眼的独数长江大桥上的华灯,如银链直落人间,更妙处是和着桥下的灯火,有如"疑是银河落九天"般令人陶醉。回身再望南京城夜景之魅,光影之间璀璨剔透,将古都繁华尽现,恰是绝美。阅江楼以其高雅质朴的古建形象在潜移默化中塑造着南京的城市视觉形象,消减了现代城市建设的浮躁喧嚣,为塑造这座历史文化名城的肌理及风貌刻画出重要一笔。

历史斑驳,光阴镌刻。今天人们走进阅江楼,考察这座名楼的时间长流,犹如摊开一幅故国的万里江山图卷,

岁月的指针记录着流逝的光阴，讲故事的人也最终成了故事。从首次提出修建缘由到历史中几经挫折，从诗章文赋历代传唱到现代建设者励精图治，从剥落的饰面和褪色的漆迹上，都能够读出时间的踪迹。时间赋予阅江楼历史的沧桑感与生命力，历史记忆中的那些事件与人物也精神化为阅江楼隐喻的记忆链接，使其得以成为南京长江文化、城墙文化、海丝文化、明代文化的重要承载地，成为时代发展和城市历史演变的参与者、见证者，其以重大事件铸就的精神滋润养育着大众的文明素养。

启迪思想，以文化人。阅江楼融汇着设计者的妙想、

建造者的巧思，它通过建筑的语言，记录了人类文明中智慧的一面。精湛的仿古建筑技艺赋予其超高的艺术价值和科学价值，为后人培育审美视觉素养提供基础。更为重要的是：阅江楼已然作为南京的城市文化表情和文化地标，昭示着城市的个性与灵魂，她让每一位市民和游客浸润在博大精深的中华传统文化中，体会文化之美，感受德行馨香，并启迪着大众的自我思维，唤醒人们的文化自觉意识，

激发出人们的爱国热情和民族自豪感。

　　对一个城市来说，从古至今，优秀文化对内塑造城市品格、提升城市向心力，对外增强城市美誉度、提升城市吸引力，都是"无形资产"，也是城市高质量发展的重要引擎。富有独特文化内涵的阅江楼，润物无声地提升着城市文化品位，巩固了地域文化品牌，成为服务于南京全面建设人民满意的社会主义现代化典范城市的重要力量。

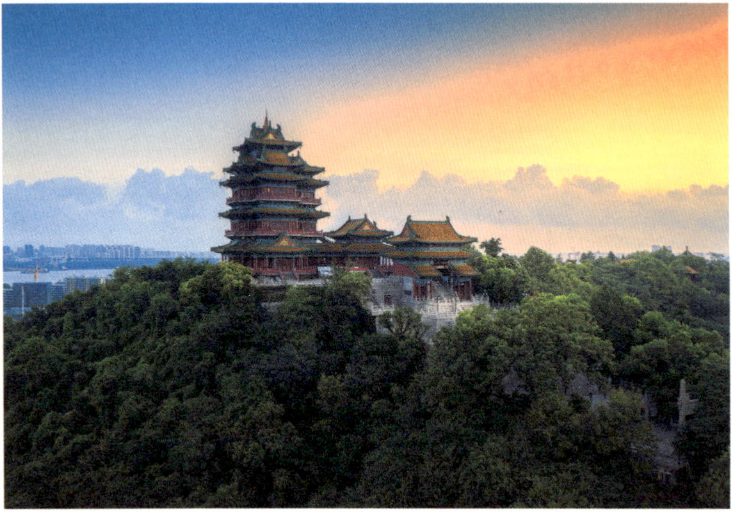

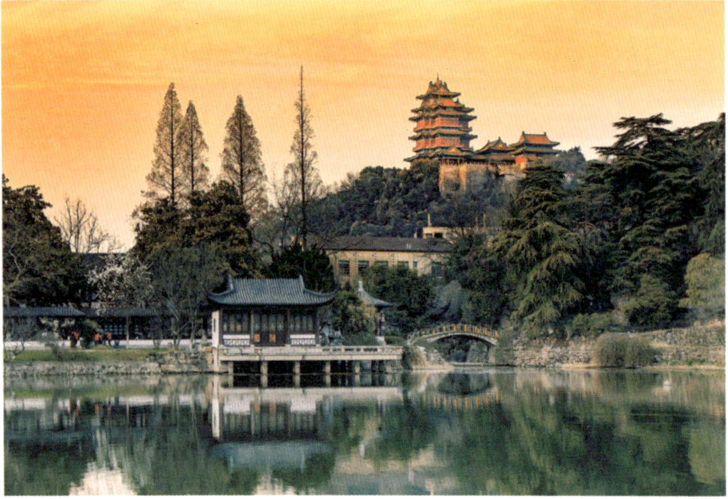

第四章 怀古颂今 文化地标

第三节　创新创造　品位立楼

"一江奔海万千里，两记呼楼六百秋"的传奇史实奠定了其文化的原真性，"碧瓦朱楹，檐牙摩空而入雾，朱帘风飞而霞卷，彤扉开而彩盈"的规划设计赋予其宏大的人文气质，郑和航海、明城墙、长江文明等世界级文化遗产构成了其厚重的文化基因……以上所有，均与南京的城市性格和主流文化高度契合。作为城市文化宣传的"主流媒体"，阅江楼一直在不断巩固自身文化建设，挖掘健康向上的文化价值，输出创新精品的文化成果，扩大在广大人民群众中的文化影响力。

久远的历史文脉基础、鲜明的地域文化特征、独特的人文情感价值，是阅江楼树立自身文化形象、打造自身文化品牌的重要条件，也由此奠定了其呼应南京主流文化的重要根基。随着社会的稳步迈进，城市文化也在不断发展，阅江楼既应展现出高级文化境界的独特性、地域性、民族性，也应保证好初级文化开发的故事性、趣味性、互动性，做到雅俗共赏、互相促进，确保在正确的文化导向上与城市共同进步。与此同时，要善于创新文化输出手段，在保持历史建筑的高度、体量、外观、风貌等特征的基础上合理利用新方式，丰富业态，活化功能，借助新媒体、新技术让传统文化活起来、潮起来、火起来，推动"文化+科

第四章　怀古颂今　文化地标　　　　　　　　　　　　　　　　　　　121

技""文化＋旅游""文化＋创意"等文化产业模式的创新发展，让饱含文化创新元素的优质内容，成为传播链条上具有强大传播力的"爆点"。

一代代阅江楼管理者们励精图治，坚持品位立楼战略，建成以来不断巩固修建相关设施和配套工程，增添观赏性和吸引力景观，开展各类文化推介活动，使景区发展不断保持文化先进性和社会知名度，让阅江楼成为展现南京文明形象的重要窗口，赢得了社会各界的由衷赞誉，并一度引发了社会上关于江南"第四大名楼"花落谁家的争论，而狮子山腰那处石牌坊上"江南第一楼"的题字似乎已经昭示着阅江楼的自信与从容。

不论时代如何变迁，阅江楼的品位，始终闪耀着几个鲜明的标识：

一是阳刚的气质。作为开国皇帝起意立项的工程，阅江楼的兴建提出反映了明初国力渐盛的背景，而后停建竟伴随着中国走向不断衰败，时隔600年之久直至社会主义新中国重建，彰显出中国共产党领导人民翻身做主人、走向富强的坚毅品质。这种不同时代对比下的朴素情感，在恢宏、大气、浑厚的明代皇家建筑风格中升华，能够唤起中华儿女阳刚奋发、勇毅前行的不竭力量，是阅江楼生生不息的文化根基。

二是传奇的色彩。楼以文出，楼因文显，有记无楼长

第四章 怀古颂今 文化地标

达600年，期间围绕"建之缘由""建或未建""停建原因"等种种疑团，人们着迷不已、争论不休，阅江楼亦因此而颇增传奇色彩。

三是独特的形胜。依托城市山水城林，形成自然和人文资源禀赋集中、品位独特的综合景观，为阅江楼跻身全国历史文化名楼序列增添了重要砝码。特色的塑造与保持，需要坚持不断对阅江楼文化空间开展保护性修缮，维护周边地区的历史肌理及视觉风貌，探索有效利用的方案。

新征程担当新使命。阅江楼既蕴藏着中华优秀文化的思想精华和人文精髓，也在创造性转化、创新性发展中迸发出崭新的时代价值。我们坚信，阅江楼在未来发展道路上，必将带给我们更大的信心，展现出更为迷人的魅力、更加持久的动力，为引领城市崛起、实现中华民族伟大复兴谱写时代新篇章。

第四章 怀古颂今 文化地标

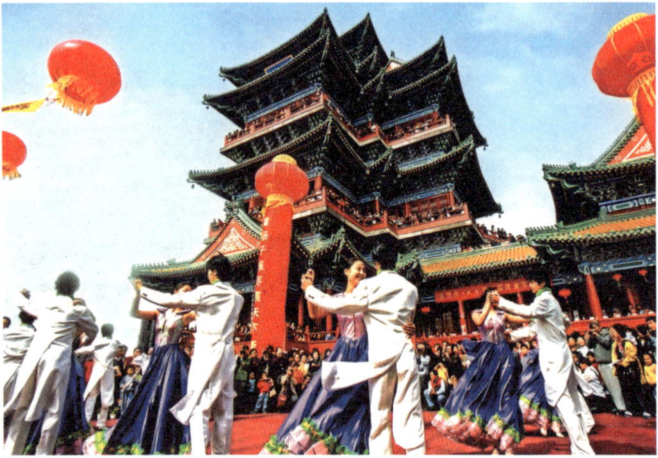

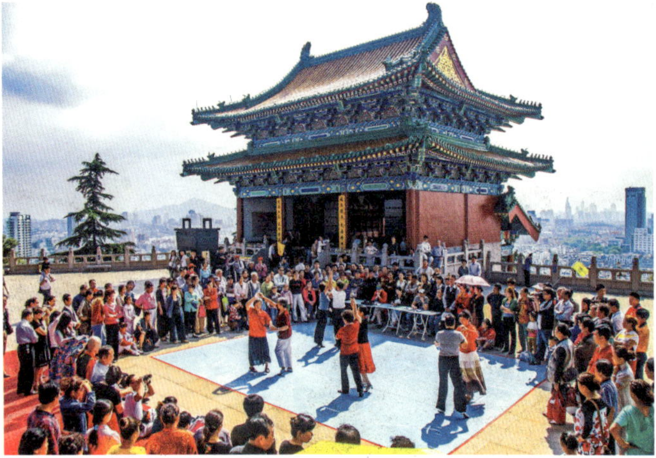

第四章 怀古颂今 文化地标

附录

中国名楼协会下辖历史文化名楼简介

岳阳楼

岳阳楼矗立于湖南岳阳市古西门城头,临八百里洞庭,瞰万里长江,气势雄伟,巧夺天工,素有"洞庭天下水,岳阳天下楼"之誉,距今已有1800多年历史,与武汉黄鹤楼、南昌滕王阁并称为江南三大名楼,是三楼中唯一保持历史原貌的文物古迹。岳阳楼肇自汉晋,兴于唐,盛于宋,为四柱、三层、飞檐、盔顶、纯木结构。北宋范仲淹的《岳阳楼记》以其情景交融、浩然博大的"忧乐"情怀,更使岳阳楼声名益著,名播四海。

黄鹤楼

黄鹤楼始建于三国吴黄武二年(223年),原系东吴孙权在蛇山所筑夏口城中的一座军事瞭望楼,至唐代演变为"游必于是,宴必于是"的观赏楼阁,享有"天下绝景""天下江山第一楼""江南三大名楼之一"等美誉。当代黄鹤楼以清同治楼为蓝本设计,于1985年建成开放。几十年来,黄鹤楼已发展成为覆盖整个蛇山、占地 403000 平方米的大型综合性景区,被评为国家首批 5A 级旅游景区、中国旅游胜地四十佳、全国文明单位和国家重点公园。

滕王阁

滕王阁,与黄鹤楼、岳阳楼并称为江南三大名楼。唐永徽四年(653 年),唐太宗之弟滕王李元婴任洪州都督时所创建,因初唐诗人王勃所作《滕王阁序》而名传千古。韩愈曾赞道:"江南多临观之美,而滕王阁独为第一,有瑰伟绝特之称。"故又素享"西江第一楼"之美誉。

蓬莱阁

蓬莱阁景区是国家首批 5A 级景区、国家重点风景名胜区、全国重点文物保护单位,素以"人间仙境"著称于世,因"八仙过海"传说和"海市蜃楼"奇观享誉海内外,是融历史名胜、人文景观、自然风光于一体的综合性风景名胜区。这里山海相依,风光旖旎,亭楼殿阁错落有致,碑文石刻翰墨飘香,既是东方神仙文化的发祥地,也是蓬莱的城市地标和文脉根基。

鹳雀楼

鹳雀楼,国家 4A 级旅游景区,位于山西省永济市蒲州古城西的黄河东岸。该楼始建于北周（557—581 年），是北周大冢宰宇文护建造的一座军事戍楼，因时有鹳雀栖息其上而得名。唐人留诗者甚多，尤以唐代诗人王之涣的《登鹳雀楼》"白日依山尽，黄河入海流。欲穷千里目，更上一层楼"一诗堪称千古绝唱，流传于海内外。盛世楼兴，1997 年 12 月，匿迹 700 余年的鹳雀楼得以历史第一次重修，于 2002 年落成并正式对外开放。复建后的鹳雀楼仿唐形制，外观四檐三层，内设六层，楼体总高 73.9 米，尽显大唐风韵。鹳雀楼以独特的人文底蕴和厚重的黄河文化为根基，以弘扬爱国主义教育为主题，形成"上下五千年，放眼看世界"的高远意境。

大观楼

大观楼，位于云南省昆明市大观公园近华浦内，紧邻滇池草海，由云南巡抚王继文始建于清康熙二十九年（1690 年），为楼阁式三重檐四攒尖顶木结构建筑。全楼结构稳重精巧，庄重秀丽，木雕和彩绘均富有鲜明的云南特色。清代以来，众多文人墨客在此留下了不朽诗篇，尤以乾隆年间昆明寒士孙髯翁所撰、赵藩书丹的 180 字长联最为著名，被誉为"古今第一长联"。2013 年，大观楼被国务院列为第七批全国重点文物保护单位。

天心阁

天心阁位于湖南省长沙城南古城垣之上，是以古阁楼和古城墙为主要景点的国家 4A 级旅游景区，全国重点文物保护单位，中国历史文化名楼，爱国主义和红色教育基地。自明清以来，天心阁就被视为古城长沙的标志，素有"潇湘古阁""秦汉名城"之誉。天心阁始建于明万历年以前，重修于清乾隆时期，1938 年毁于"文夕大火"。1983 年重建，仿北京文澜阁样式，增建二轩，中间以游廊连接，其建筑风格是我国典型的南方古典园林建筑。主阁旧时曾为观测星象、祭祀天神之所，阁中供奉文昌帝君和魁星像，以保长沙文运昌盛，"振人文而答天心"，天心阁一名由此而来。

天一阁

天一阁建于明嘉靖四十年至四十五年（1561—1566 年）之间，原为明兵部右侍郎范钦的藏书处。现藏各类古籍近 30 万卷，其中珍椠善本 8 万余卷，是我国现存历史最悠久的私家藏书楼，也是世界上最古老的三大家族图书馆之一。天一阁博物院是以天一阁藏书楼为核心、藏书文化为特色的专题性博物馆，占地面积约为 34000 平方米，现为全国重点文物保护单位、全国古籍重点保护单位和国家 5A 级旅游景区。天一阁以其悠久精深的藏书文化、宛如天开的园林艺术、古朴典雅的古建风格及便捷优越的地理位置，每年吸引着来自世界各地的游客前来研学观光。

钟鼓楼

钟鼓楼为钟楼和鼓楼的合称，均为中国古代的报时建筑。钟楼始建于明洪武十七年（1384年），是一座重檐三滴水四角攒尖顶的楼阁式建筑，方形基座为青砖白灰砌筑，再加四面空透的红柱回廊、迭起的飞檐、碧绿的屋顶，如飞鸟展翅，轻盈灵动。鼓楼始建于明洪武十三年（1380年），是一座重檐歇山顶抬梁式建筑，基座为青砖白灰砌筑，面阔7间，进深3间，灰瓦朱檐、飞檐反宇，磅礴大气、成熟稳重。

城隍阁

城隍阁位于杭州西湖东南侧吴山山顶，是杭州的地标性建筑。其前身可追溯至南宋时期的城隍庙，现今建筑为2000年建造。城隍阁整体造型具有宋代建筑风格，各楼层四面的多个飞檐翘角和顶部的飞阁设计犹如凤凰展翅，凌空飞升。整座建筑颇具皇家气派，大度而不浮华，雄浑而不雕饰，气魄宏伟，格调高雅。城隍阁现为首批"宋韵杭式生活体验点"。

泰州望海楼

泰州望海楼始建于南宋绍定二年（1229年），初名海阳楼。明代嘉靖二十八年（1549年），改称望海楼。历史上的望海楼经历了四废四兴，于2006年重建。复建后的望海楼高32米，取宋代建筑风格。整楼上下四层，外观为三层环廊，主体色彩取粟壳、青灰二色，古朴典雅，与泰式建筑保持和谐一致的风格。望海楼建成之际，范仲淹后裔范敬宜撰写了《重修望海楼记》，入选中学课本，成为现代版的《岳阳楼记》。

温州望海楼

温州望海楼作为洞头历史文化的窗口和百岛旅游第一景，是洞头旅游标志性建筑，始建于公元434年，距今已有1500多年的历史，重建后有望海楼主楼、颜延之雕像、诗词碑廊、同辉亭、泓澄亭、心赏亭等景观。主楼设海洋民俗文化展厅和观景廊，是观赏百岛美景、领略渔村风情的窗口。楼内勒有启功、沈鹏、韩美林、李铎、朱关田等名家墨宝。温州望海楼以其历史悠久、建筑雄伟、海洋民俗文化气息浓郁，被誉为"气吞吴越三千里，名贯东南第一楼"，于2012年11月跻身中国历史文化名楼之列。

光岳楼

光岳楼坐落于山东省聊城市古城中央,它建成于明朝洪武七年(1374年),由东昌守御指挥陈镛主持修建,其功用为"报时、报警、窥敌望远"。光岳楼是四重檐歇山十字脊过街式楼阁,由墩台和主楼两大部分组成,墩台是砖石砌成,四层主楼为木结构,其柱列分布与宋代《营造法式》相似。其通高33米,是我国现存最古老、最高大的木构楼阁之一。1988年,光岳楼被列为全国重点文物保护单位。

太白楼

太白楼坐落于山东省济宁市任城区古运河北岸,因李白曾在此寓居而闻名于世,为山东省文物保护单位、山东省爱国主义教育基地、中国历史文化名楼。明清时期被誉为"白楼晚眺",是济宁"八大名景"之一。

越王楼

绵阳越王楼,始建于唐高宗显庆年间,是唐太宗李世民第八子越王李贞任绵州刺史时所建。自唐越王楼修建完工之日起,天下文人雅士纷至沓来,留下后世传颂的诗篇多达150余首。越王楼曾数度被毁损,几经重建。今重建的越王楼仍位于原龟山遗址上,占地面积84.2亩,主楼高 99 米，共 15 层，是绵阳文化旅游的地标。

镇海楼

镇海楼始建于明代洪武十三年（1380 年），为广州老城标，民间俗称"五层楼"，素有"未登五层楼，不算到广州"的说法。镇海楼地处广州古城北端的制高点，楼的建筑形制很特别，正看似楼，侧观如塔，瑰丽雄特，气度恢宏，登楼远眺，羊城秀色尽收眼底。自清代以来，镇海楼被列为"羊城八景"之一，并冠以"岭南第一胜概"的美誉，历来亦是兵家必争之地。1929 年，镇海楼被辟为广州博物馆馆址，并一直延续至今。现楼内常设"城标·城史——广州历史陈列"展览，一楼承载千年城史，一展浓缩千年城事。

朝阳楼

朝阳楼属国家重点文物保护单位，位于古城临安（现云南省建水县）。原为明代临安卫东部军事防御工事，城门名"迎晖门"，城楼名"朝阳楼"。始建于明洪武二十二年（1389 年），历经七次重修，得以完整保存。城楼雄踞在 8 米余高的城垣之上，由 48 根巨柱支撑，为三重檐歇山顶抬梁式大木构架、五开间三进间回廊式建筑。有对联赞曰："栋宇薄云霄，雄踞南疆八百里；气势壮河岳,堪称滇府第一楼。"

超然楼

超然楼为元代奎章阁承旨学士李洞所建,位于山东济南大明湖畔。2010年4月,择今址复建后开放。复建后的超然楼共7层,楼高51.7米,拱卫左右的裙楼与高耸挺拔的超然楼共同构成一组总建筑面积7473平方米的宋元风格建筑群,成为济南古城的标志性建筑。登临超然楼,近可观明湖秀色、古城风貌,远可观历山叠翠、鹊华烟雨,大有超然物外之感。

沈阳故宫

沈阳故宫是清朝开创者努尔哈赤于皇太极营建的宫殿,1644年清定都北京后,被称为"陪都宫殿",成为康熙、乾隆、嘉庆、道光诸帝东巡祭祖时驻跸的行宫,集萃了汉、满、蒙、藏多民族建筑装饰元素。

凤凰楼建于后金天聪年间(1627—1636年),是清代沈阳城最高的建筑,"凤楼晓日"为沈阳著名的八景之一。

文溯阁建于乾隆四十七年至四十八年(1782—1783年),阁名"文溯"取自《诗经》"溯涧求本"之意,为清代存贮《四库全书》的七阁之一。

本书配图提供者

孟 平	陈 平	傅 玉	蒋 宁	金 生
石 伟	方 飞	张 勇	倪 俊	林 琨
赵 萱	李亚敏	王加海	伍韵雅	王卫兵
吴咏进	毛劲松	曲智勇	张明华	王昆远
张伦富	江家才	李星谕	樊世超	葛寿鹏
余文莉	王松南	张永兰	许清林	马修锦
吴咏进	李慎凯			